# あなたのコトバが子供を伸ばす

首藤義信
Shutou Yoshinobu

日本教文社

あなたのコトバが子供を伸ばす——

# ●目次●

## 第2章　子供がねじれるとき　61

## 第3章　日本の教育のゆくえは？　119



## 第4章　「仮の姿」の子供たち――わたしの「教育相談日誌」より　151

## 第5章　生命を伸ばす教育実践法――「七つの母の祈り」より 195

# 序　章

## わたしも問題児だった

## 解決されない問題はない

教育問題がずいぶん騒がれています。わたしも生業として教育に携わってすでに五十年近くたちますが、今ほど深刻に教育問題が論議されていることはないと思います。

これまでは、問題児がふえてきたと世間で騒がれても、ほとんどの親御さんが「まさかうちの子に限って？」という反応を示していたと思います。

ところが最近は、問題児のニュースを聞くにつけ、「うちの子もいつか……」という不安にかられる親御さんがふえてきたようです。最近の青少年による凶悪犯罪を見ると、いわゆる「ふつうの子」が犯人だったというケースが多くなったからだと思います。

テレビなどで、犯人の少年のご近所の人が、「まじめで成績もよくて、あいさつもきちんとできるいいお子さんだったのに……」とか、「ご両親も仲がいいし、家庭に問題などなかったようですけど……」などと応えているところを見たりすると、よけいに不安になってしまいますね。

いじめも援助交際も、一見「いい子」に見えるふつうの子が、当たり前のような顔をして行っているというのですから、日本はこの先どうなってしまうのだろうか……と嘆きたくなるのもよくわかります。というより、現実に今、自分のお子さんのことで悩んでいらっしゃる方も多いでしょう。

しかし、どのような問題でも「解決しない問題」というのはありません。まず、こう認識することが大切です。そしてお子さんが今、どんな問題行動を起こしていようと、あるいは問題の渦中にあろうとも、もし今、親であるあなたが変わるならば、その問題はウソのように解決していくことでしょう。

問題というのは、解決されるために存在するのです。ただみなさんは、解決のしかたがわからないから悩まれるだけなのです。数学の問題でもそうであるように、真剣に取り組んでコツをつかめばだいじょうぶなのです。

これは、わたし自身、かつて問題児だった経験から、自信をもって言えることです。

## わたしも問題児になった！　通知表が「オール1」になった！

わたしは小・中学生の多感な時期に、大きな環境の変化がきっかけで、問題児へと転落してしまいました。ひとたび転げだすと、山から岩が転がり落ちていくように、状況は悪い方へ悪い方へと進んでいきました。そしていつか、自他共に認める「問題児」になっていました。

しかし、じつはこの経験は、わたしにとって大きな恵みでした。これがあったからこそ、わたしは教師になりました。問題児といわれる子供たちの気持ちがよくわかります。

そして実際、多くの子供たちが立ち上がっていってくれました。だから、今にして思えば、人生には無駄はないとつくづく思います。

今でも憶《おぼ》えているのは、小学校二年のときです。わたしは父の転勤の関係で、兵庫県から高知県の朝倉小学校へと転校しました。父は、国鉄（現JR）の職員でしたので、転勤はしょっちゅうでしたが、このときは父が駅長になったときでした。

わたしたち家族は、父に随《つ》いて、まったく知らない土地へ引っ越してきたのです。それまでは、ごくふつうの活発な少年だったわたしでしたが、この転校をきっかけに、問題児へと「転向」することになり、そういうレッテルを貼られることになりました。

それは、転校第一日目のことでした。担任の先生を「嫌いだなぁー」と思うところからはじまったのです。担任の先生がクラスのみんなにわたしのことを紹介するとき、

「この転校生は『クビフジ（首藤）』と書いて『シュトウ』と呼ぶんだぞ。それで、下の名前は『義信』と書いて『ヨシノブ』と呼ぶ。これ（義信）は『ギシン』とも呼ぶ」

というような紹介のしかたをしたのです。わたしはなんだか馬鹿にされたような気がしたので、家に帰ってから、父にそのことを伝えました。

ところが、父はまた父で、

「そうか。ギシンというのは、腹黒い人のことを言うんだ」

と言いました。疑心暗鬼の「疑心」のことを言ったのでしょう。でも、幼い子供にとっては、こういう「もの言い」は、ひどい仕打ちでした。担任の先生も悪意はなかったのでしょうが、幼いわたしは、心ない大人たちの言葉に傷つきました。この結果、わたしはいっぺんにその先生が嫌いになりました。

それから、もう一つ困ったことに、その先生の「土佐弁」がわからなかったのです。先生のしゃべっている言葉がわからないわけですから、授業の内容など理解できるわけがありません。たちまちのうちに、わたしは勉強についてゆけなくなりました。当然、成績はガタッと落ちていきました。

そしてついに、この年の学年末の通知表は「オール1」になりました。もっとも、当時は「甲《こう》・乙《おつ》・丙《へい》」という（旧式の）三段階の順位のつけ方をしていた時代でした。つまり「オール丙」だったわけです。

当然ながら、通知表をもらう日は憂鬱《ゆううつ》でした。「オール丙」を受賞したとき、わたしは、通知表を見る母の顔を想像しました。同時に父の罵声《ばせい》も思い出しました。

「ああ、今日もまたさんざん叱られるのかなぁ」

と思うと、通知表がだんだんと憎たらしくなってきて、下校途中に川にほうり投げて流してしまいました。家に帰ると、母が「通知表はどうした？」と聞くので、「今日はもらわんかったよ」と口から出まかせを言いました。

しかし、ほうり投げて川を流れていたわたしの通知表を、なんと川下に住んでいる人が拾ったのです。保護者のところを見ると、「あれ？　駅長さんの名前が書いてある」というので、この人はご親切にも、この通知表をわたしの家に届けてきたのです。

さすがにこのときは、こっぴどく怒られました。

**「うそつき」のはじまり**

兵庫から高知に越してきて、高知弁はわからないわ、同級生から「よそ者」あつかいされて友だちはできないわで、わたしの気持ちはだんだんすさんでいきました。ただひとり遊んでくれたのは隣の席に座っていた女の子だけでした。

この子は、地方銀行の頭取《とうどり》の娘だったのですが、あるとき、

「首藤君の家には何があるん？」

と聞いてきました。そう言われても何も自慢できるものがなかったわたしでしたが、とっさにこう答えていました。

「ぼくのお父さんは駅長だから、うちには汽車がいっぱい置いてあるよ」

つまり、そこらへんに走っている汽車はぜんぶうちの汽車だというわけです。と、こういったものだから、同級生たちが「本当かい？　ボクも見に行きたい！」と言ってきました。もう後へは引けません。しかたがないので、つぎの日曜日、同級生たちを駅に連れてくることにしました。

「あの白い手袋をしているのがボクのお父さんだ」

「ここにある汽車はみんなボクの家のものなんだ」

と、わたしが自慢している最中に、父が汽車に「発車オーライ！」と言って、指示を与えていました。それを見たみんなはびっくりしました。今までわたしをいじめていた男の子たちまでも、うらやましそうなまなざしをわたしに向けてくるのです。

その子たちは、もう次の週には、

「首藤のお父さんは汽車を動かす人だ。汽車はみんな首藤の家のものらしい！」

と学校中に宣伝して回ったのです。これがわたしの「うそつき」のはじまりでした。

**「ダメになった」という言葉どおりに……**

それからのわたしは、これに輪をかけたように次から次へとうそをつくようになっていきました。当時のわたしは、友だちからはやく信頼を得ようと必死だったようです。はやく友だちに認められたいと思って、次々といい加減なうそをついていきました。

そのあたりから、爪をかむ癖《くせ》、鼻をほじる癖などもはじまりました。そうしてわたしはだんだん問題児へとなっていくのですが、これに輪をかけたのが、両親のわたしへの対応でした。母はいつもこう言っていました。

「お父さんが駅長になって、ここに越してきたのはよかったけれど、あんたは新しい学校に来てダメになったね」

母のこの言葉は、いわゆる「激励」でした。「がんばれ」という意味です。反対の意味を伝える言葉です。しかしこれがまた重荷となって、わたしは母が嫌うことばかりをやるようになりました。

「高知に来てダメになった」と言われたわたしは、その言葉どおりに、ますますダメになっていったのです。

そして四年生のときに転校をしたのですが、そのときのわたしには、もう問題児というレッテルが貼られていました。そこには、わずか三カ月しかいませんでしたが、わたしはレッテルどおりに問題児を続けていました。

さて、この問題児をやめるきっかけになったのが、その次の転校先での担任の先生、溝渕先生との出会いでした。

## 恩師との出会い

溝渕先生と最初に会った日のことでした。わたしの学籍簿を見ながら、溝渕先生は、

「首藤は寝小便をしているそうだが、いちいち起きないで蒲団《ふとん》の中でやっているのか」

といきなり聞かれました。困惑して黙っていると、なんと溝渕先生は、

「じつは、このわたしもよくやった」

と力強く言ってわたしの肩をたたきました。学籍簿には、それまでのわたしの成績から、いたずら、うそつき、反抗などの素行が、びっしり書かれてあったはずです。しかしこの新しい先生は、そんなことはちっともお構いなしというような様子でした。

問題児となった子供は、相手が自分のことをどう見ているかが気になります。それで相手の表情や言葉から、それを敏感に察知する能力があります。それまで、先生からも親からも「ダメな子」「変わった子」「うそつき」というメッセージしか受け取ってこなかったわたしは、これまでとは違う何かを、この新しい先生に感じました。

幼い私にとっては、ある意味で大きな衝撃、大事件だったのでしょう。このときの先生の暖かいまなざしは、六十数年が過ぎた今もってはっきり脳裏に焼きついています。

溝渕先生は、師範学校を出たばかりの若い先生だったのですが、わたしばかりか、母に

までいろいろな影響を与えてくれました。たとえば、「この子は、尊い子ですよ」というようなことを、おりにふれて母に語っていたというのです。

母にしてみれば、それまで問題児のレッテルを貼られて、手がつけられないと誰からもいわれてきたわが子のことを、はじめて「いや、見込みがある」というようなことを言われたわけですから、びっくり仰天だったと思います。

やがて溝渕先生は、父にも影響を与えてくれました。それまで、わたしの顔を見るといつも「あほ！」としか言わなかった父親でしたが、なんと「義信は尊い子だそうだ」と言いはじめたのです。これは大事件でした。

## ビリからトップへ

また溝渕先生は、学校の成績だけで生徒たちを判断したり、比較するというところがありませんでした。それは徹底していて、

「生徒は、ビリも一番も変わらない、同じである」

というような態度でした。生徒がテストで〇点を取ろうが、平気な顔をしているところがありました。

じつはわたしたちが提唱し、実践している教育法（教育理念）に「生命の教育」という

のがあるのですが、この教育法も溝渕先生と同じ立場をとっています。この「生命の教育」を実践している組織が、わたしも所属している新教育者連盟なのですが、元々この教育法は、生長の家の創始者・谷口雅春先生が提唱されたもので、生長の家の教育法として、多くの人に影響を与えています。

さて、以前この理事をされていた故・光永貞夫先生も、同じことをよくいわれていました。

「ビリと一番は、ヒモでたとえると、端《はし》と端の位置にある。ところがこれを輪にして、円を描くと、ビリと一番は隣合わせになる」

こんなことを言うと、「ふざけるな!」という声が飛んできそうですが、本当のところ、一番もビリも紙一重なのです。「どのように見るか」によって、子供は一番にもなれば、ビリにもなるのです。

どの子にも「無限の可能性」が宿っています。その可能性を押し殺しているのはじつは大人たちなのです。子供を、テストの点数のみで評価し、「お前のためだ」と言いながら、ガミガミと叱りつける。ちっとも「お前のため」になっていない。

このように、子供を見ているようで、まったく見ていない親や教師の何と多いことでしょうか。「比較」の中でしか、ものを見ることのできない人は不幸です。しかし、現在のほとんどの子供たちは、比較の世界で生きることを強いられています。「オール丙」だったわたしでしたが、「尊い子」だと先生からいわれ、親からもそう認められてくると、一気に変わりはじめました。成績も、約半年のうちにクラスで一番になっていたのです。だからビリも一番も紙一重なのです。

## 子供のすることは、みんな学習

「いたずら」もこのときやめました。今でもはっきりと憶《おぼ》えている出来事があります。その光景は今でも瞼《まぶた》に焼きついていますが……。

ある日、運動場で朝礼があったときに、校長先生が、

「みなさん、校舎の軒下にスズメの巣があります。そこにスズメが卵を生んだので、雛《ひな》がかえったようです。しかし大変危ないから、のぞきに行ったりしたらいけません」

とおっしゃったのです。「行ったらいかん」と言われたら、行きたくなるのがわたしの悪い癖です。そのとき「絶対に見に行ってやろう！」と心に決めました。

数日後、はしごを掛けて、わたしはそろりそろりと校舎の軒下までのぼっていきました。なんとかようやくたどり着いて、さて、スズメの巣をのぞこうと思ったそのときでした。下から突然、女の先生が、

「あぶない！　だれや！　そんなところにのぼってるのは！　降りてきなさい！」

と叫んだのです。そう言われて、はじめて下を見たわたしは、急に怖くなり、足がすくんでしまったのです。

　すると、ちょうど校舎の二階で授業をされていた溝渕先生が、ひょいと窓から顔を出して、「ああ、首藤か」と落ち着いた様子で声をかけてこられました。下では、女の先生が、「まあ！　あんたのクラスの子か？」などと叫んで大騒ぎしています。

　溝渕先生は、いつものにこやかな表情で、

「どうや首藤。眺めはいいか？　雛は何羽おるんか？」

と声をかけてこられた。そして、

「いいか首藤。そーっと降りてこい。二階で先生がおまえをつかまえて、だっこしてやるから」

　とおっしゃった。わたしは息を殺しながら降りていきました。そしてほどなく先生が約束どおり抱き止めてくれました。そのとたん、わたしは「先生、こわかったー」と叫んで、わーっと泣き出してしまいました。先生は、笑みを浮かべながら、

「いい勉強をしたな。でも、あんまり怖いことはせんほうがいいぞ」

と、わたしの耳元でささやきました。この出来事は、わたしにとって一生忘れられない

思い出となりました。そしてこれも溝渕先生の教えでしたが、「子供のすることは、何でも勉強だ」という真実を、わたしも身をもって経験したのです。

## わたしの変貌

このあたりから、わたしは「いたずら」もしなくなりました。

溝渕先生と出会ってから、わたしも両親も変わったのです。先生の教育信念に打たれたのだと思います。とうとう父も母も、

「立派な先生に出会ってよかった。あの先生のおっしゃるとおりや。お前は尊い子だ」と、断定的な言葉を使うようになってきました。

そして五年生の一学期末のことです。通知表をもらったら、いまでいう「オール5」だったのです。つまり「オール甲」です。わずか二学期の間に、成績もビリからトップへと移行したのです。どうにも手のつけられない問題児だったわたしが、なんと授業中に手をどんどんあげる、何をするのにも積極的にこなす……というふうに、ガラリと変わってしまったわけです。

じつはわたしが「教師になりたい」と思いはじめたのはこの頃でした。それまでは、「毎日、うどんを腹いっぱい食べられるから、うどん屋になりたいなぁ」

「マンガをいっぱい置いている本屋さんがいいなぁ」

などと思っていたわたしが、なんと「教師になりたい」と思ったのですから、大変な変貌ぶりです。

不思議なことに、このときのクラスの友だちの名前を、今も全員、覚えています。それ以前の同級生の名前といえば、あの女の子一人の名前しか覚えていないのですが。

その後、父の仕事でまたわたしは転校することになりました。このとき、クラスのみんなが「思い出のいずみ」という文集を、わたしのために作ってくれました。その文集とは、わたしのいいところを、クラスのみんなが「ほめ言葉」ばかりで書きつづってくれたものでした。これは終生、忘れられない思い出になりました。

さてわたしの転校先ですが、なんとこの学校に転校する前にわたしが通っていた学校でした。つまり、わたしがまだ問題児であった頃に通っていた学校に、再び転校したわけです。その学校の先生や生徒たちにとっては、

「あの悪ガキが、また戻ってきたぞ」

というわけです。しかし、まるで「突然変異」のように、わたしが変わっていたものですから、子供たちも先生も、一様にびっくり仰天したようです。近所に住んでいた男の子などは、

「おんしゃ（君）はどうやって勉強家になったんぜよ？」と聞いてきました。こうしてわたしは、その小学校からたった一人だけ、旧制中学校に進学することになりました。

## 「徹底的に何かに打ち込む」という経験

わたしは小さいころマンガが好きでした。高知にいた頃は、市内の本屋から片っ端にマンガを買い込んできて読んだものです。マンガというと、当時の親もみんな「マンガばかり読んでいてはいけない」といって反対したものですが、わたしの場合は、マンガはマンガで、そこからいろんなことを学びました。

でも、マンガに夢中だったのは子供の頃だけで、その後はもうマンガは卒業してほとんど読みませんでした。大人になってからもそうで、ときどき教師がマンガを買ってきて読んでいるのを見かけましたが、「どれどれ」といってパラパラとめくって見て、「構成がよくできているなぁ」などと思うぐらいで、もはや一所懸命に読もうとは思いませんでした。

あれほど夢中になってマンガを読んでいたのに、なぜもう読まなくなったのか、とよく友だちに聞かれましたが、わたしとしては、あれほど夢中で読んでいたので、もう燃え尽きてしまったのでしょうね。「卒業」したのだと思います。

今の子供たちを見ていると、思い切り何かに打ち込むという経験があまりないようですね。これは不幸なことです。昔に比べると、物質的にははるかに恵まれているのですが、なかなか豊かな感性がはぐくまれないのには、こういうところに原因があるように思います。つまり、ファミコンだの、ケータイだの、ミュージックだの、おしゃれだのと、夢中になる対象が多すぎて、一つのことをトコトンやる機会を、逸してしまいかねないのではないでしょうか。

わたしの考えは、子供には、一つの遊びをトコトンやらせることです。とくに「昔の遊び」を思いっきりさせたいですね。木登り、虫遊び、魚釣り、山菜取り、川遊び、陣取り合戦、メンコ、コマ、相撲、野球、ままごと、絵画……なんでもいいでしょう。

わたしはよく子供たちに言います。

「君たちは、本当に自分がやりたいことを、めいっぱいやらせてもらいなさいよ」

たとえば、マンガがおもしろいと思ったら、その作者（漫画家）の作品を全部読んでみることです。マンガを描くのが好きだったら、徹底して取り組んでみることです。

そのぐらい徹底してやってみると、子供は、いつしか自分の手で何かをつかんで来るものです。そういう「手応え」のようなものが、今の子供たちに不足しているように思えるのです。

そしてこれは、子供たちだけではありません。親たちもまた、「生きる手応え」を実感していないことが多いのです。これは時代や社会の問題も多分にありますから、いきなり「生きる手応え」を実感しろといっても、むずかしい部分があるでしょう。しかし、むずかしいからといって何もしないでは、何も変わりません。まず、親たちが、この「生きる手応え」を実感できる生き方を実践することでしょう。

現代は、「危険だからダメ」ということで、子供がのびのびと外で遊ぶ機会が少なくなっていますね。制限された世界の中で遊ぶとなると、やはりもう一つおもしろくないし、そこから子供がつかんでくるものも少なくなると思います。勇気をもって、子供を広い世界に出してあげることも大切だと思います。

いずれにしても、子供が好きなことは徹底してやらせてみる。そうすると、わからないことに出会ったら、知りたくてしかたがなくなる。それがまた学問への目覚めとなっていくのだと思います。

**「〇点？　立派じゃないか！」**

さて、中学に入ったわたしは、運動を五種目もやりました。ハンドボール、陸上、バレーボール、体操、柔道の五つです。こんなにたくさんのスポーツにせっせと励んでいたわけですから、もうくたくたで疲れ切って帰宅するという毎日でした。

それで当然、体育は学校で一番になりました。しかしこれに反比例して、学科の成績の方はどんどん下がってしまい、ふたたびビリ近くになってしまいました。しかしこのとき、ふたたびわたしの運命を決定づけたすばらしい恩師と出会うことになります。この先生は、ドイツ人の英語教師であるフィンチャー先生でした。

わたしはあるとき、急性の盲腸（虫垂炎《ちゅうすいえん》）になって入院しました。その入院しているときに、フィンチャー先生はよく見舞いに来てくださったのです。今から考えれば、先生は、わたしに対して「心の教育」を実践してくださったのです。

どういうことかというと、「病気というものは無いんだよ」というようなことを教えてくださったのです。この先生と出会って、英語の試験では二〇点～三〇点しかとれなかったわたしが、八〇点～九〇点もとるように変わっていったのです。

ところで、なぜわたしはそれまで「大の英語嫌い」だったのかというと、やはりそれまでの英語の先生が好きではなかったからでした。いわばインテリ風の先生で、いつも授業のはじめに英語を音読しました。

それは一見かっこいい授業でしたが、聞いていても、わたしには先生が何を言ったのかちっともわからなかった。しかもその先生は、音読の後にすぐ試験をするのでした。つまり「今、聞いた英語をカタカナで書いてみなさい」というわけです。

もちろんわたしは白紙で出していました。すると、次の授業のときに先生はみんなの前で、「首藤〇点」と読み上げるのです。それでわたしは英語がいっぺんで嫌いになったのでした。

しかし、そんなわたしが「英語の教師になろう」と思ったのは、フィンチャー先生との出会いがあったからでした。フィンチャー先生は、小学校時代の恩師だった溝渕先生と同じような教育指導でした。つまり、

「〇点？　立派じゃないか！」

というのでした。これには驚きました。


**一つだけ、すぐれた科目をもて！**


フィンチャー先生の指導のおかげで、わたしの英語の成績はどんどん上がっていきました。ところが、英語の成績が上がってくると、他の学科の成績もどんどん上がるようになってきました。これはなぜでしょうか。フィンチャー先生は、

「授業時間には、先生の顔をじーっと見て、一つ一つうなずくような気持ちで聞いておれ！　そうすればよくわかってくる」

と教えてくれました。また、

「とにかく、一つだけ、得意な科目をもて！」

とも言われました。一つの科目が優れてくると、他の科目もつられて成績が上がってくるのだというわけです。ですから、

「首藤は体育が得意だから、体育はやめるなよ。どんどん練習して高知で一番になれ。そうすれば、他の成績もきっと上がってくるぞ」

と。のちにわたしは、「この考えは理にかなっている」ことに気づきました。それでこのことを「ハンカチ学習」と名づけました。ハンカチのどこか一カ所を持って引き上げると、つられてほかの部分も上がってくるでしょう。

何か一つ、子供の秀《ひい》でた部分を見つけだして、それを大いに伸ばしてやると、自然に他の部分も上がってくるのです。これは、長年の教師生活の中で経験してきた真理であると、今わたしは実感しています。

## 親が変われば子が変わる

こうしてわたしは、すばらしい恩師との出会いによって、どうにかシャンとした人生を歩むことができるようになったのですが、特に何がすばらしかったのかというと、この先

生方から、わたしだけではなく、両親が影響を受けたということです。

両親がわたしを「尊い子だ」と認めてくれたこと、そして先祖に感謝するようになったこと、食事をはじめ、あらゆることに感謝するようになったことが、じつはわたしをこうして立ち直らせてくれた原動力になったのだろうと思います。

今から考えれば、わたしは必要なときに必要な先生と出会うことができました。これは幸運なことかもしれません。しかし、人生は合わせ鏡のようなもので、その時々に、人間は自分に「必要な人」や「必要なこと」を引き寄せながら生きているのです。それは「いいこと」だけではなく「悪いこと」もそうです。自分が引き寄せているのです。

ですから、わたしが勉強嫌いになるような先生と出会ったのも、じつは自分がそれにふさわしい先生を引き寄せていた結果だったのだと思います。

だから今でもわたしは、こうして自分に影響を与えてくださった先生方の写真を机の前に貼って、毎朝お礼を言って生活しているのです。もうこの年になると、感謝する人が多すぎて、ずいぶん時間がかかってしまいますが、よくもまあそんなに憶えているもんだと人に言われるくらい、お一人お一人がわたしの心の中で生きているのです。

# 第１章

# 子供は尊い存在

## ――認める教育、ほめる教育――

## 親への警鐘《けいしょう》……「生命の教育」の理念

子供が引き起こすさまざまな問題、たとえば、いじめも不登校も援助交際も、それらはすべて、教育界への警鐘であり、同時に親たちへの警鐘だと思います。

しかし「警鐘」とはどういう意味かといいますと、わたしはこう考えます。つまり、「良くなる前の仮の姿」のことだと。ということは、子供の問題というのは、親や教師をシャンとさせてくれるために、あえて「仮に」表れてくる「きっかけ」なのです。だから、その「仮の姿」は、ことが終われば、何ごともなかったかのように、時が移り変わってゆくのとともに消えてゆくのです。

つまり、これらは「良くなるために」起こっていることだと考えられるのです。ということは、親や教師は、子供から多くのプレゼントをもらっていることになる。その結果、親としての愛をうんと深め、教育力を伸ばしてゆくことができるのです。だから、何が起きても、必ず良くなります。

教育の方向性は、人間をどういう存在だと見るかによって決まってきます。わたしたちが実践している教育法（教育理念）に「生命の教育」（現在では「生長の家の教育」と呼んでいる）があるというのは、前に申しましたが、元々これは生長の家の創始者である谷口雅春先生が提唱されたもので、わたしたちが「生命の実相哲学」と呼んでいる「人間観」にもとづいた教育実践法なのです。

ではその人間観とは、どういうものでしょう？　まず次の認識によります。

●人間は神の子であり、完全に自由な存在である。

●人間は完全な自由意志をもって、完全に自分の運命を開拓する権利を有する。

ここから「生長の家の教育」は出発します。

ですから、わたしたちが実践している教育法は、まず子供の心の奥に埋蔵された「善なるもの」をじーっと心の眼で見つめて、ひたすらその存在を信じながら、それを引き出していくための方法論なのです。言葉を換えれば、子供を「縛る教育」ではなくて、子供を「解放する教育」だということができます。

したがって「生長の家の教育」で育てられた子供は、内に宿っている無限の力を発揮して、ぐんぐん伸びていきます。なぜなら、子供たちは、内にすばらしいものを有《も》って、この世に誕生してくるからです。

「いや、うちの子はどうしようもない子だから、そんないいものを有っているはずがありませんよ」

などとおっしゃる親御さんもいらっしゃいます。しかし心配はいりません。どの子もすばらしいものを有っています。一人の例外もありません。たとえ現象的（一時的）にどのような姿になって表れていても、子供はみんな神の子です。どの子も、神様から祝福されて誕生してきた神の御子《みこ》なのです。

「生長の家の教育」が一般の教育法と違うところはここです。この考えから出発していることを、まずわたしたちは押さえなければなりません。

今、子供には「善」が宿っていると申しました。しかし「善」は、子供の心の奥深くに埋没している場合が往々にしてあります。ときには、世間のほこりにまみれてしまって、一見「善」などどこにもないように見える人もいます。でも、違うのです。表れてきていないだけなのです。その奥深くに沈んでしまっている善を、わたしたち大人が引き上げなければなりません。だから具体的な教育法が必要になるのです。

### 認めるとは「見て、とどめる」こと

前述の新教育者連盟に、光永貞夫先生という先生がいらっしゃいました。この光永先生がよくおっしゃっていたことがあります。それは、

「認めるというのは『見て、とどめる』ことですよ」

ということです。つまり、親が子供をしっかりと見て、自分の潜在意識にとどめておく

……ということです。親は、子供がしていることをじーっと見る。そこから自分の人生観にないようなものを「学ぶ」ようなつもりで見るのです。そうして発見したいろいろなことを、親は心にとどめることが肝要です。それが「認める」ことです。

ただし、子供を「認める」ためには、お父さんやお母さんの感受性が豊かでなければなりません。たとえば、子供が一所懸命、土いじりをしているとします。あなたが親だったら、子供に何と言いますか？

「おい！　そんなやっても意味ないことに夢中になって、何がおもしろいんだ？」

と言うお父さんもいらっしゃるでしょう。

「やめなさい！　土の中にはバイ菌がいっぱいいるのよ！」

「まあー。そんなに泥んこになって！　洗濯をするお母さんの身にもなってよ」

なんて声をかけるお母さんもいるでしょう。こんな感じの親御さんが、近年はふえているような気がします。

子供の土いじりに対して、こういう対応しかできない親御さんがいるとしたら、まずご自身の感性が、すり減っているかもしれないと反省した方がよいでしょう。

こういう親御さんは、ためしに子供と一緒に、土いじりをやってごらんなさい。楽しいものですよ。ほのかな土のぬくもり、しっとりとした感触、そして自分の創りたい形に、土を形づくる喜び……。土いじりから、子供はじつに多くのものを学んでいくでしょう。こういったことを、親はじーっと見て、心にとどめておくのです。「子供のすることは、みんな学習だ」というふうに考えてください。

## 子供の善性を信じ切る

たとえ一見、子供が意味のないことをしているように見えても、
「わが子は今、どんなことを学んでいるのだろうか？」
というような気持ちで、お子さんに接してみてください。そうすれば、親であるあなた自身も、子供からたくさんのことを学ぶことができるはずです。

また、こういう姿勢で子供を見るようになると、今までいかに自分が、子供のことを見ているようで見ていなかったかに気がつくことでしょう。実際にわたしが指導した親御さんの中にも、「現象の悪い部分ばかりしか見えていなかった」とおっしゃる方がたくさんいらっしゃいます。「見たいように見ている」だけで、本当に認めていることにはなっていなかったのですね。

心理学者やカウンセラーは「受容」という言葉をいいます。これは、ものごとを「ありのままに受け入れる」ことを意味します。しかし「生長の家の教育」では、先ほどの「認

める」をさらに一歩進めて、子供の「善性を信じ切る」ということを提唱します。

目の前の子供が、どのように表れていようとも、その奥にどこも傷ついていない、また少しも汚れていない「善そのもの」をじーっと見つめる。これが「生長の家の教育」でいう「認める」ということなのです。つまり、「生長の家の教育」は「絶対善の人生観」に立脚しているのです。

まず、子供に宿る善性、わたしがよく使う言葉で言えば「神性」を認める。これがすべての出発点であり原則なのです。なにか問題が起こって立ち往生したとき、戻ってくるべきところはここです。その次に、認めたならば、認めたということを「表現」しなければなりません。表現することによって、子供の中に善性や神性が、よりいっそう現れやすくなるからです。

## 認めたことを表現する

『トータル・ウーマン』(邦訳・板橋好枝訳、講談社刊)という本を書いて一躍有名になったアメリカのマラベル・モーガン女史は、教育の基本原理として「4A」を提唱しています。「認める」ということのヒントになると思うので紹介しましょう。

「4A」とは、つぎの四つの言葉の頭文字を取ったものです。

●「Accept」(受け入れる)
●「Adapt」(理解を示す、共感する)
●「Admire」(ほめる)
●「Appreciate」(感謝する)

順序からいえば、まず「受け入れ」て、次に「理解を示し」て、そして「ほめ」て、最後に「感謝」する。これを「4A」とモーガン女史はよんでいますが、まさに「生長の家の教育」と同じことが、アメリカでも提唱されているので嬉しくなりました。

数年前、わたしどもの新教育者連盟が、日米で合同会議に行ったとき、このモーガン女史にお会いしました。以来、親交を深めてまいりました。

モーガン女史も示しておられるように、まず「見て、とどめた」ら、それを「表現」しなければなりません。子供に、「あなたを見ていますよ、受けとめていますよ」ということを「伝える」のです。そう、こちらも意思表示をしなければなりません。そうすることによって、子供は安心して、次の成長の段階に入っていけるのです。

では、どうやってその気持ちを伝えたらいいのでしょうか?

## 「の」の字の妙薬

人との接し方については、わたしたち日本人は、天皇陛下、皇后陛下をはじめとする皇族方に、その範を求めることができます。たとえば昭和天皇の場合、何ごとにつけても「ああ、そう」といってお言葉をかけられたことは有名です。このお言葉こそ「認める」ということをもっとも具体的に表現した行為ではないでしょうか。

第二次大戦後、アメリカが日本に与えてくれた恩恵に対して、昭和天皇はそのお礼を申し述べるために、アメリカに行かれたことがあります。そのとき、当時の大統領は、昭和天皇のいろいろなふるまいにとても感激して、

「天皇は世界の紳士だ。すべてを受け入れる方だ」

と言ったそうです。つまり、どんなことがらに対しても、分けへだてのない対応をなさっていたのだと思います。このような「分けへだてのない愛」を注がれた天皇、皇后両陛下は、当時の米国大統領の目には新鮮に映ったのでしょう。余談ですが、天皇さまのお言葉には、いろいろ有名なお言葉や名言も多く、くわしくは『天皇家のユーモア』(「女性自身」皇室取材班編著、光文社刊)という書をご覧下さい。

さて、話を元に戻しますが、もし子供が「はらへった」と言ったら、

「ああ、そう。おなかがすいたの?」

と言うとよいでしょう。そうすれば、子供は、自分の気持ちが親に伝わったと思って安

心できるのです。これは「『の』の字の妙薬」といって元々は坂東義教先生が開発されたものですが、このことが『「生れかわり」の教育』（鹿沼景揚著、日本教文社刊）でも紹介されていますので、詳しく知りたい方はその本を参考にしてください。

子供が何かを言うと、とかく親は「大人の判断」でものを言ってしまいます。たとえば、子供が「今日、学校行きたくない」と言ったとします。すると、多くの親が、

「そんな馬鹿なこと言わないの！　さあ、さっさとご飯食べなさい！」

「今日のテスト、受けたくないからそんなこと言ってるんでしょう！」

「どうしたの？　〇〇ちゃんらしくないじゃない？」

というような対応を、あまり考えずにやっていないでしょうか。これでは子供の「学校に行きたくない」という言葉の裏にある心が見えてきません。

では、このとき、どう答えたらいいのでしょうか？　「『の』の字の妙薬」を使うのです。ひとこと、

「あら、今日は学校行きたくないの？」

と、お母さんが言えば、子供は、自分の気持ちを受けとめてくれている親の心を確認します。こうなると、親は安心して「次のステップ」に進むことができるわけです。

「『の』の字の妙薬」とはよく言ったもので、この「の」を添えることによって、親子間

ばかりか夫婦間のコミュニケーションまでじつにうまくいくようになるのです。

### ほめるコツ

さて、子供の気持ちを受け止めて、それに理解を示したあとは、「ほめる」ということになるのですが、ただ闇雲にほめるのでは意味がありません。「ほめる」ときは、本人が一所懸命やっていることを、よく見てからほめないといけません。

「あ、この子にふさわしい力を出したな」

と感じたときに、タイミングよく口にすることが肝心です。といっても、それを「感じる」には、親の方も「カン」を磨かなければなりません。ですから、まだそのカンが身についていないときには、まずごく当たり前のことであっても、気づいたことから積極的に口にするようにしましょう。ほめる練習をはじめるのです。

たとえば朝、子供が時間どおりに目覚めたとしたら、

「よく目が覚めたわね！」

と言うのもいいでしょう。あるいは、

「今日は、なかなかいい顔しているわよ！　いい男（女）だもんね！」

と、具体的にほめるのもいいでしょう。

わたしの母は、前述の溝渕先生の影響で、わたしが小学校五年のときから、ほめ言葉を口にするようになりました。ある日、わたしの顔を見て、突然母が、

「義信はきれいな目をしているね」

と言いました。それまでわたしは、自分の目は「ドングリ目」なのだと思ってイヤだったのですが、その日から、自分の目のことは気にしなくなったのです。これは、母がわたしにはじめてくれた「ほめ言葉」による効果だったのです。

ですから、「ほめる教育」の第一歩は、当たり前のことを、当たり前と思って心にしまっておかないで、当たり前のことができたことに注目して、そのことを口に出すのです。それには、まず朝、子供が目を覚ましたとき、「よく目覚めたね」と言うことからはじめるのがいいと思います。

「生長の家の教育」は、朝のスタートからはじまるのです。ほめ言葉に限りません。朝の第一声を、どんな「声かけ」からはじめるかというのは、たいへん重要なことですから、よくよく心に留めていただきたいと思います。

## 子供は神様からの授かりもの

こうして「認めて・ほめる教育」を、まず親からはじめると、子供は驚くほどぐんぐん

と伸びていきます。なぜなら子供の内には、本来「無限の力」や「無限の善きもの」が宿っているからです。

ですから、お子さんと接するときには、この子は「預かっている大切な宝である」というような気持ちがなければなりません。美智子皇后様は、皇太子殿下が誕生されたとき、次のような歌をお詠みになりました。

あづかれる宝にも似てあるときは
　吾子《あこ》ながらかひな畏《おそ》れつつ抱く

ここには、人間の生命に対する深い「尊敬の念」が感じられて、厳粛な気持ちになります。わたしたち国民も、このような気持ちで自分の子を育てようではありませんか。

わたしたち日本人が、天皇陛下や皇后様がやっておられることを学んでいくことは、たいへんすばらしいことです。歴代の天皇陛下は、国民を尊び慈《いつく》しんでこられました。このことは、膨大な数の歴代天皇の御製《ぎょせい》(和歌)から知ることができます。

わたしたちはこの心を知らなければなりません。特に世の父親は、天皇の大御心《おおみこころ》を知る必要があると思います。また昔から、天皇に対して国民のことを「赤子《せきし》」といいますね。この言葉に表れているように、天皇と国民は「親と子」の関係として考えられてきたのです。つまり国民と天皇は「家族」という感覚があったのです。天皇陛下は、国民のことを自分の子供のように慈しむと同時に、敬愛の念をもって国民に相対してこられました。それは今もそうです。そのことを国民はよく知っていたのです。

ところが戦後、日本国憲法ができて「国民主権」ということが定められました。これによって、天皇を国民から隔絶した存在にしてしまったのです。それから五十年が経って、今の国民の大部分は、天皇と国民の本来の関係を忘れてしまいました。

しかし、天皇陛下のお心は変わっていないのです。現代の日本人には、ピンとこない話なのかも知れませんが、こうした天皇と国民の関係に、日本の「家族の原型」があるのです。できれば、天皇の御製などを読むことで、一人でも多くの方にそのことを知っていただき、慈しみと崇敬の念をもって家庭を営んでいただきたいと念じる次第です。

## 親の不安は子供に移る

あるとき、わたしがやっている「教育相談」に、てんかんの症状のある子供をお持ちのお母さんが相談に見えました。話を伺うと、

「この子に毎日てんかんが起こって大変です。どうしたらよろしいでしょうか?」

というご相談でした。

「はは～ん。これは親の考えを転換させなければ……」

と思い、このお母さんに、

「あなたは、子供さんが『今日もひきつけを起こしそうだ』と、いつも思っておられるのではないですか?」

と聞きました。そうしたら、このお母さんは黙ってうなずいておられました。実際、いつひきつけが起こるかと、そればかり心配している、ということでした。それでは、「発想の転換をしましょう」ということで、

「この子は尊い子です。大切な『授かりもの』であると思っていただけませんか?」

と申しました。すると、

「そんなこと、よう思いませんわ。どの先祖の血を受け継いだか知らないですが、きっと亭主のほうに、そんな悪質な遺伝要素があったんやろうと思うてます」

という返事が返ってきました。わたしは声を大きくしてこう言いました。

「遺伝するというような考えはおやめなさい! 一日中ずっとてんかんのままでいるわけではないでしょう?」

と言いますと、このお母さんは、「てんかんは夜に起こる」とおっしゃるので、

「だったら、昼間はてんかんのことは気にせずに、『今日は、いい顔してるね』というように、この子が健康で明るい日常を送っているということを確認するような、前向きなほ

め言葉をかけてあげてください」

と申しました。

### 感謝の気持ちに変わったとき

また、お母さんの話によると、この子のてんかんは、下のお子さんが生まれたぐらいからはじまったとのことでした。愛情がほしいのだと思ったわたしは、

「もう息ができないくらい、ぎゅーっと強く抱きしめてあげてください。そして『あなたのことが大好きよ！』という気持ちが、抱きしめた体を通してお子さんに伝わるように、できたら『わたしの尊い一人っ子！』と言ってください」

と言いました。こういう言葉によっても、子供の心の中の「比較されている」という気持ちを取り除くことができます。そしてご相談の最後に、

「生長の家の教育は、省みて和解するという教育ですから、すべてのものに、ことに、感謝の気持ちをこめてお礼を言ってください。特にご主人には、深く感謝してください」

とお願いしました。つまり、

「いいご先祖様だったのに、わたしの考えが間違っていました」

と訂正してくださいと言ったのです。

すると、その日の夜に、早速このお母さんから、電話がかかってきました。

「不思議です。これまで毎晩、ひきつけを起こしていたのが、今晩はひきつけを起こさないんですが、これでいいんでしょうか？　このまま、この子がどうかなってしまうのではないでしょうか」

と、喜びとも不安ともつかない様子でした。お子さんに何をしたのか伺いましたら、このお母さんは子供さんの枕元で、蒲団や枕やパジャマなど身のまわりのいっさいのものに感謝をされたというのです。これはすばらしいことです。

このお母さんように、親のもつ不安な気持ちが、感謝の気持ちに変わったとき、悪く見えていた現象がスーッと消えていくのです。

わたしはいつも、ご相談に見えた方のお名前とご相談の内容とを書いた短冊をつくって、手帳にはさんで、毎日その方の名前を読み上げながら、相談ごとが解決するように念じています。またその手帳には、教育相談に見えた方のお名前だけでなく、電話による相談を受けた方のお名前も一緒に書いて、一年間持ち歩いています。

なぜかといいますと、相談者の悩みを解決するのは首藤ではないからです。自分が相談を解決するという気持ちではいけません。どのような問題があっても「大生命」にお任せしているという気持ちがないといけません。

生長の家の教育法は「全托の教育」だということができますが、それは、子供を育てるのは神であり、さまざまな問題を解決せしめるのも神であるという考えに立脚しているからなのです。

## 厳しい愛ゆえに叱る

さて、ほめる教育について説明してきましたが、また一方で、ときには厳しく子供を「叱る」ことも大切です。

「叱る」ことと「怒る」ことは違います。叱るということは、「あなたにはもっと力があるのに、十分に力が出ていないのよ」ということを知らせることをいうのです。世の多くの人は、叱ることを、感情的になって怒ること、あるいは怒鳴ることだというふうに勘違いしています。しかし、子供の無限力を信じることがまず前提にあり、その上でその無限力が表れていないことを伝えてあげることが「叱る」ことなのです。

『生命の實相』には「鉄槌《てっつい》の教育」というくだりがあります(頭注版第26巻)。生長の家の創始者・谷口雅春先生ご自身も、幼いときに養父から徹底的に叱られたそうです。どういうふうにして叱られたかというと、

「お前にしては、こんなことしかできないなんて、おかしいじゃないか！」

というような叱り方をされたそうです。谷口雅春先生は、子供心に、

「ああ、『もっとお前には力がある』と父は信じてくれているのだな」

と思ったから、それ以来、学校へ行ってもシャンとされたそうです。だから、決して「叱ること」を恐れることはありません。むしろ最近は、誰も叱ってくれる人がいないから、ふてくされている子供たちも多いようです。自分のことを愛しているがゆえにあえて叱ってくれている……そう思えることは、じつは尊いことなのです。

**「禁止」「強制」の言葉では解決にならない**

あるとき、わたしが新幹線に乗っていると、すぐ近くの席に、子供連れの乗客がいました。幼児から小学生ぐらいのお子さんが六人。お母さんとおぼしき大人が二人。合計八人。けっこうにぎやかな集団でした。

さてこの集団、ときどきお母さんが子供たちに「ちょっとうるさいわよ」「静かにしなさい！」と注意をしています。すると、子供たちは〝そのときだけ〟は静かになりますが、しばらくするとまた立ち上がって、隣の子を叩いてみたり、大声を上げたりしはじめます。するとまたお母さんは子供たちに注意します。しかししばらくすると、また騒ぎ出します。

はて、と思ってみてみると、二人のお母さんは話に夢中です。注意するときも、動かないで、口だけで注意しています。まさに〝形だけ〟注意しているんですね。そしてあらためてお母さんの言葉に耳を傾けてみると、やはり「禁止の言葉」ばかりなのです。「ほめ言葉」はただの一言もありません。

「禁止」や「強制」の言葉というのは、強い調子で言うと、確かに一時的には効果が上がるでしょう。しかし子供自身に、その行動が「なぜ悪いことなのか?」を理解させないかぎり、そしてその行動をみずからの意志で「やめよう」と思わないかぎり、根本的な解決にはなりません。

谷口雅春先生は、

「親があまり規制ずくめにして、厭《いや》でも応でもこうしなければなぐるぞというふうに定めまして、その子供が萎縮《いしゅく》して、我儘《わがまま》をいう余地がなく、外から見ると少しも悪いことをしない、行儀の良い子供ができ上がったとしましても、その子どもは善人ではないのでありますその子どもは少しも自由が許されていないから善人ではない、善なる行為をいまだかつて一つもしたことがないということになるのであります」

と述べておられます。(『生命の實相』頭注版第13巻、一六九頁)

子供にも「人格の自由」があります。だから、自分の内心の欲求から進んでする行為でなくては、本当の行為とはいえない。だから「善の行い」をなすのにも、内心から進んでやるのでなければ、それは善行ではない、と谷口雅春先生はおっしゃっているのです。

子供が、自分の言いなりになっているのを、素直ないい子だと思っている親御さんが世間には多いようですが、それはいい子なのではなく、いいことを一つもしたことがない子だというわけです。たとえ二、三歳の幼い子供でも、ものごとの善し悪しは、ある程度わかります。ですから親は、子供の人格を認めながら、知恵をもって接するということが必要なのです。

## 騒いでいる子の長所を伸ばす

先ほどの話に戻ります。新幹線で子供が騒いでいたわけですが、騒いでいたのは二人でした。この二人に、お母さんは「うるさい」と叱りつけました。そして残りの四人の子供はというと、別に騒いでいるわけではなかったのです。

こういう場合、騒いでいる二人を叱るよりも、その静かな子供たちの方に、

「静かにしていて、えらいわね」

という声かけをするとよいでしょう。ただし、子供を比較するような心をもって、騒いでいる二人に当てつけるように言うのはいけません。あくまで、新幹線の中で静かにして

いる子供の「良さ」を認めたわけですから、そのことを言葉に出してほめるということが肝心です。

一方、騒いでいる子供にだって「騒ぐのには理由がある」はずです。なぜ騒いだのでしょうか？　大勢での旅行に行くから、嬉しくて、楽しくてしかたがないのかもしれません。それならば、その「楽しさを共有する」ことだってできます。また、騒いでいる二人に関しては、騒いでいるという行為の他にいいところがいろいろあるはずです。

「お兄ちゃんは、姿勢がいいいんだね」

「妹のこともちゃんと考えてくれているんだね」

など、探せばいくらでも出てくるでしょう。

「ずいぶん大きな声が出るんだね！」

なんて言ってほめてやったら、もういっぺんぐらい大きな声を出したら、気が済んであとは収まるものです。

わたしは、子供には、その子なりの「百点」があると思います。とくに新教育者連盟の先生方には、

「四十人の子供を担任したら、四十種類の百点があるというつもりで接しましょう」

と提案しています。みんなそれぞれが百点満点の子だから、A子さんも百点、B太君も

百点をつけるような〝いいところ〟をもっている。だから毎日、百点をあげるつもりで〝いいところ〟を見つけだしていくと、子供はますます自分らしさを発揮して、どんどん伸びていくのです。

言葉は〝創造主〟です。その〝響き〟によってあらゆるものが現れてきます。響きを通して、信念や思いが伝わります。ですから、子供に「言うことを聞かせよう!」と思って、その方法として「ほめ言葉」を使っても、それは効果がないでしょうし、場合によっては逆効果になるでしょう。

**ほめる方法**

米国の思想家、エマーソンは、

「人をとがめることあらば、探し出してほめよ」

と言いました。また、日本軍の参謀を務めたある有名な軍人は、

「やってみせ、やらせてみせて、ほめてやらねば人は動かじ」

という名言を残しました。たとえ、親や教師に理解できないようなことを子供が演じようとも、ひたすら子供に宿る善性を信じて、どんな些細なことでも、子供のいいところを見つけだしてほめる。これができるようになれば、あなたの子供、もしくは児童・生徒・

学生は、明るく素直に、あなたを信頼してついてくるようになります。

しかし「ほめよう」と思っても、そうそう簡単には「ほめられない」という場合がありますね。これは、いざほめようと思っても、自分の中に「ほめ言葉」がない場合や、「ほめた経験」がない人、あるいは「ほめられた経験」がない人は、なかなか相手の美点に気づかずに見逃してしまうことが多いと思います。

わたし自身もそうでした。かつて『生命の實相』の中にある、

「子供のもって生まれた能力を発見する。すなわちその子が何に器用なるかを見出してやるのだ、そして子供の有りあまる生命力をこの方向に使用させる。始めは下手でよい。賞《ほ》めてやるがよい」（頭注版第14巻、一三四～一三五頁）

という文章に、わたしの心は揺さぶられました。そして「よし、これを実行しよう」と決意したものの、いざそれを実行に移す段階になって、経験が乏しいわたしには、たいへんむずかしい課題となって迫ってきました。だから、自分の尺度や標準に合わない生徒を目のあたりにすると、その子が未熟に感じられ、つい「下手だ」「ダメだ」という言葉を放ってしまうのです。

そこで、わたしは作戦を変更しました。毎朝、目が覚めると、蒲団の上に正坐して、「わたしは神の子、完全円満。接する人々ことごとくを尊敬し、ほめることに徹底します。

わたしはほめる名人です。今日はきっと善いことがくる、善いことがある」と、二十回ぐらい唱えました。これを二、三カ月続けました。すると、不思議なことに、わが子や生徒たちの「善いところ」がたくさん目に入るようになってきました。

「ああ、この子たちには、こういう善いところがいっぱいあったんやなぁ！」

と、しみじみ感じるまでになりました。それから以降は、ほめ上手というよりも、ほめることのみができる自分になりました。

わたしの例を簡単に述べましたが、ほめるのが下手だという人は、ともかくまず「ほめ言葉を出す！」と決心し、ほめるべき相手の表情を浮かべながら、実際にほめているところを、ありありと心に描きます。

たとえば、眠い顔をして、蒲団から出てきた子供に、

「おはよう、すばらしい朝よ。元気で起きてこれたわね」

などと声をかけているイメージをたくさん描きます。

それから、フランスの自己暗示治療家、エミール・クーエが提唱した「自己暗示の方法」を用いるとよいでしょう。

「わたしは、○○ちゃんをよくほめている。わたしは、○○ちゃんをよくほめている。わたしは、○○ちゃんをよくほめている……」

というふうに、毎日二十回、唱えるという方法です。この自己暗示法で、ほめ上手になった方もたくさんいらっしゃいます。

ともかく、欠点(本人がふれられたくない心の傷)は、そっとしておいて、自己に宿る自然療能力に任せておいて、「いいところ」をどんどんほめていくことです。そうするうちに、「あら、不思議」と思わずにいられない変化が表れるでしょう。

子供には「ほめる方向に伸びる」という心の仕組みがあります。だから、子供はほめるに応じて伸びていくのです。

## 子供の欠点やクセに悩むときは?

教育相談に来られるお母さんのなかには、やめてほしい子供のクセは、どうしたら直すことができるのかという質問をされることがあります。こういうとき、わたしは、クセにとらわれるのではなく、クセをやってないときにうーんとほめてくださいと申し上げます。

欠点やクセを一つ一つ指摘して取り除いていけば、やがてお子さんは理想の人間になるのでしょうか。クセのない人間、欠点のない人物が、果たして偉大な人物なのでしょうか。そうではないですね。

このような「欠点&クセ排除」の〝路線教育〟を続けていけば、子供はどのように育っていくのでしょうか。一流大学を出て、それなりの教育や社会常識を身につけ、人当たりも柔らかいのに、どういうわけか理想も情熱もなく、エネルギーに乏しい大人が世の中にはたくさんいますね。こういう人たちは、親の意のままに「敷かれたレール」に乗って生きてきた人たちです。

彼らのように、人格の自由を認められることなく成長した大人たちは、自分の信念で物ごとを判断する能力に欠ける傾向があります。自分の信念で生きてきたのではなく、時代の雰囲気の中で、何となく生きてきた。そんな人たちが、政治や企業の上層部に立つに至って、流されるままに、不正や背任行為に手を染めていく場合があるのではないでしょうか。

話を元に戻しますが、子供のマイナス面ばかりにとらわれて、親がそれを必死で直そうとすると、生命力に乏しい「ひ弱な子供」に育ちかねません。人間は、子供に限らず「あなたのそこが悪いのよ。反省しなさい！」と言われつづけると、それが良くないことだと頭ではわかっていても、体がついていけなくなるのです。

### 遅刻の常習犯に表彰状

わたしの長男は、遅刻の常習犯でした。これも一種のクセですね。ある日、わたしにいいアイディアが浮かんできたので、早速、実行に移しました。それは、家族を呼んでの「表彰状の授与式」です。

「表彰状。○○殿。あなたは、父がいっぺんもやったことのない遅刻を、百回以上もやるとは本当にあっぱれである。今後も弛《たゆ》まずに続けよ」

というふうに書いた表彰状を高らかに読みあげ、金一封を添えて長男に渡しました。するとと長男は、

「はい。もう遅刻はいたしません」

と言いました。それからというもの、いくら言い聞かせても聞かなかった息子の遅刻グセがピタッと直ってしまったのです。塾の教師になった今では、誰よりも早く出勤して、子供たちの机をなでながら、

「ここに座る子供さんたちの成績がどんどん向上する」

と念じて仕事に取りかかっているようです。

じつはこのアイディアは、子供の遅刻に心がひっかかっているときは、浮かんできませんでした。ところが、そういう心を変えて、長男の姿をしずかに見つめていると、遅刻をあきもせずに実行し続ける長男が愛しく感じられてきました。そこでこの気持ちを表彰状にしようと思いついたのです。

愛が行き届いていれば、そのお子さんに合った独特の教育方法が出てきます。すでにあるものではなく、その時々に新しいものがポッと出てきます。ですから、現象的にどのようなクセや欠点があるように見えても、それに心をとらわれず、心をおだやかにして相手をじーっと見ていると、思いがけずいいアイディアが豊かに出てくるのです。

## 親の反抗心が、子供に現れる

子供に何か問題が起きると、親はきまって子供の方を「何とかしよう！」と考えますが、じつは子供の問題は、すべて「親の問題」なのです。だからたとえば、子供の「反抗」というのは、すべて親の「反抗心」が表れた姿なのです。

わかりやすい例でいえば、お母さん方の中には、子供のことでご相談に見えたのに、ついでにご主人への不満をたくさんしゃべって行かれる方がいらっしゃいます。中には、ご主人への不満の話になると、もう夢中になって、子供のことよりも一所懸命に訴えていかれる方もいます。そんなとき、わたしは、

「ご主人の言うことに『ハイ』と従うのでなければ、家庭教育というのは、なかなかうまくいかないものですよ」

と話します。すると、多くの奥さんは、

「主人の言うことよりも、わたしの言っていることの方が正しいのに、どうして主人にハイと従わなければならないのでしょうか？」

と言って反発されます。「そんな理屈は、納得がいきません！」という感じです。ひと昔前と違って、今は「男女平等」が主張される時代です。結婚生活も、昔と違って、男女平等で成り立っているのであるから、なぜ男である夫に、まして一方的に問答無用で「ハイ」といって従わなければならないのか、それは不平等であり差別だ、というわけです。

しかもこの「ハイ」というのは、心からの笑顔がともなうハイです。

しかし、不思議なことに「ハイ」が上手になると、家庭が変わってきます。それはそれはものすごい即効力をもっています。というのも、子供よりも先に、まずご主人が変わるからです。

いつの間にか、家の片づけがしてあったり、ギャンブル好きがおさまってきたり、優しくなったりしてくるのです。このように、ご主人に「劇的な変化」が起こると、あっという間に「家庭が天国になっていた」ということがよく起こってきます。

## 「非行に走るのでは？」という不安

最近は、新聞の「三面記事」をのぞくと、連日のように少年少女が「犯罪者」として登場してくるご時世のようです。そこで全国の親御さんたちは、いかにしてわが子を悪い子たちから遠ざけるかということに頭を悩ませています。

たとえば、公立の小学校や中学校には問題生徒が多いから、という理由で私立の学校を受験させる親御さん方が、今後ますますふえていくのではないでしょうか。こういう親御さんは、いつも不安で気の休まるヒマがないのではないでしょうか。なぜなら、学校以外にも「魔の手」は待ち受けているわけですから。

しかし、じつは非行少年も不良少女も、本当は「いない」のです。わたしが中学で英語の教師をしていたころの話です。M君という中学二年の男子がいました。彼は、中学生にしてすでに婦女暴行未遂や恐喝などをやって、「非行少年」のレッテルが貼られていました。

わたしは、前に赴任していた学校で、すでに「生長の家の教育」を五、六年も実践していました。そのため、学校はずいぶんいい方へ変わっていました。そんな実績を認めてくださったのでしょう。あるとき、教育長から、

「問題の学校があるので、首藤先生にお願いしたい」

と言ってきて、兵庫県の龍野市にある中学校へと赴任することになりました。この「問題の学校」でもっとも「問題のある生徒」がこのM君だったというわけです。

彼は、学校の制服を着ずに私服で登校していました。また、雨が降っているわけでもないのに長靴をはいてきたりしました。見るからに不良少年でした。そして廊下を自転車で走ってみたり、友だちを脅してお金をまきあげたりしていました。とうとう前の担任の先生はお手上げで、「もう、あんな学校では勤務したくない！」と言って、辞表を提出されたということでした。

それでわたしはM君の担任を申し出ました。そのクラスには、M君にいじめられて、それに対抗するために悪くなった生徒が七、八人もいました。まさに異様な雰囲気のただようクラスだったようです。

**M君のなかに「昔の自分」を見る**

このM君、気に入らないことがあると、いつも窓ガラスを片っ端から割ってウサを晴らしていました。それであるとき、わたしの目の前でもガラス割りをはじめました。わたしはM君に、

「おい、そんな割り方じゃいかんぞ。こうして割るんだ」

と言ってガラスを割ろうとしました。どうせ割るのなら、中途半端はいけません。ところが、何を思ったのか、そのときM君が走ってきて、

「先生、そんなことしたらクビになるぞ！」

と言って、わたしの「ガラス割り」を止めてくれました。

もうおわかりですね。M君にも、それが「悪い」ということはよくわかっていたのです。

ただ、そういう行動をとることで、自分のことを認められたいだけだったのです。そういう子には、ただ「そんなことをしたらダメだ」と注意をするだけではダメです。大人のいうことなど聞きません。

注意はしていいでしょう。でも、

「君は、わたしにとって、かけがえのない大事な生徒なんだぞ」

というような気持ち、もっといえば、

「君は、わたしの分身なんだよ」

ぐらいの気持ちがないと、子供は大人の話など聞きません。同じように注意をするのでも、そのような気持ちを込めて注意するのとそうでないのとでは、必然的に子供の対応も違ってきます。そして子供の心に、

「君は『尊い存在』なんだよ」

という気持ちが届いたとき、子供は変わるのです。そのようにして変わってはじめて、子供の本来のすばらしい姿が現れて来るのです。

じつはわたしは、M君のなかに「昔の自分」を見ていました。「不良」「問題児」だとレッテルを貼られた子は、自力でそこから這い出すことはできません。自分のことを、そのままで肯定してくれる存在が必要なのです。

M君は、親からも担任からも、そして友だちからも見放されてきました。自分のことが周囲の人たちから肯定されないままに、そして自分でも自分を肯定することができないままに、M君は生きていました。だから、問題児に輪をかけたような行動を繰り返すことによって、自分自身を表現してきたのです。

わたしは、彼の乱暴な行動を見るにつけ、自分の幼い日のひねくれた寂しい気持ちを思い出しました。

**君は尊い子だ**

M君は、テストをするといつも白紙で出していましたが、「番号」だけは書くので、あるときわたしは、その番号に○をつけて「一〇点」をつけました。あるときは、名前がきちんと書けているので、そこにも○をつけて、合計「四〇点」とつけたこともありました。

彼はわたしの気が変になったと思ったようで、

「先生、アホかい。全然答えなんか書いてないのに点をつけてさ」

と言って来ました。

「いやあ、君にはやる気がある！　ちゃんと答案用紙を出すなんて立派な証拠だぞ」

とやり返しました。わたし自身が、かつて溝渕先生から言われたことを、そっくりそのままM君に言いました。

「君は立派だ。尊い子だ」

M君の家は、お父さんが刑事さんをしていて、きちんとした方だったのですが、

「こんな子は、俺の子にふさわしくない」

といったような言葉を、M君の前でもしょっちゅう口にしていたというのです。それから、お姑さんとお母さんの意見がかみ合わないらしく、家庭の中が、ゴタゴタとして不仲な状態が続いていました。それで彼は、自暴自棄になっていたのです。

あるとき、わたしは彼の家を訪問しました。そして、

「息子さんは、わたしをシャンとさせてくれる生徒さんです。お子さんからはいっぱい学ぶことがあるので感謝しているのです」

と、あいさつしました。M君の家の人はみな、

「そんなこと言ってくれた先生は今までいなかった」

と言ってビックリされたようです。

## 本当は、非行少年などいなかった！

そうこうしているうちに、少しずつ授業に出るようになったM君でしたが、それでも出席時間が足りないので、わたしが宿直で学校に泊まるときには、M君を呼びだして、英語を教えました。

あるとき、宿直室で正坐瞑目《めいもく》しているわたしを見た彼は、

「先生、何しているんか？」

と聞いてきました。わたしは、

「君の本当の姿を見つめて、祈っているんだ。君は神の子、仏の子や」

と答えました。そんなことがあってからM君は、授業中にテストをすると、少しずつ答えを書くようになりました。期待に応えてくれるようになったのです。

こうしていよいよ卒業式が近づいてきて、M君はずいぶん積極的に学校に通うようになっていたものの、英語以外の成績がいま一歩、合格点に達していなかったために、

「みんなと一緒に、卒業式に参加させるわけにはいかない」

という判断が下されました。しかし校長が、ここまでやる気になっている彼を見捨てるわけにはいかないというので、卒業式の二日後に本人と親を呼んで、ささやかな卒業式を

行いました。

　学校を卒業して、しばらくしてからM君は、問題を起こして少年鑑別所に入ったのですが、そのときわたしは、鑑別所にM君をもらい下げに行きました。わたしたちが提唱している「生長の家の教育」では「問題児はいない」と言っています。問題児というのは、優秀児の「仮の姿」なのです。わたしはM君に、

「雨が降っても、かならずいつかやむだろう。雨が降った後で、太陽が出て、青空が広がるように、これで君の『仮の姿』は消えたんだ。これからが、君が本領を発揮するときなんだよ」

　と肩を叩きました。彼は泣きながら、

「今日、先生に誓います」

　と言ってくれました。彼は、高校へは進みませんでしたが、料理店に弟子入りして、板前の修業をしました。のちに彼は自分の店をもつまでになったのです。

　開店のときには、わたしも招待してくれました。今までご迷惑をかけた人たちに、恩返しをするんだという気持ちで、一所懸命に働いていたようです。

　残念なことに、数年前、M君は亡くなりました。しかし同窓会のときには、同級生からは口々に、

「M君はいい人だったな。中学生のころは怖かったけど」

「卒業してからは、人を大事にし、人を尊敬する人になっていたよね」

などと言って、M君を偲び、中には、

「首藤先生のおかげや」

と嬉しいことを言ってくれる子もいました。

# 第2章

# 子供がねじれるとき

## いじめの実態調査

平成六年の十一月、愛知県西尾市の男子中学二年生が、いじめを苦に自殺するという事件が起き、日本中に衝撃を与えました。この事件をきっかけにして、文部省（当時）は、全国的な「いじめの実態調査」と学校の指導点検に乗り出しました。

また法務省は、平成七年に、全国の十都道府県の中学生一万三千人余を対象にして、「中学生の生活に関するアンケート調査」を行ったところ、次のような実態が浮き彫りになってきました。

●三六パーセントの中学生が、これまでにいじめを受けたことがある。

●いじめを見たときに、過半数が何らの行動も起こしていない。

男女別では男子の方が、また学年別では高学年ほど行動しない比率が高い。

●いじめを受けた中学生の三三パーセントは、このとき「何もせず、我慢した」

これらの理由として、「もっといじめられると思ったから」「相談しても助けてくれないと思ったから」などがあがっています。

また、同調査によれば、男子の場合は「暴力」、女子の場合は「無視」というかたちでいじめる場合が多いようです。いじめの時期というのは、

●中学一年生のとき＝二五パーセント
●中学二年生のとき＝一四パーセント
●小学六年生のとき＝一八パーセント
●小学五年生のとき＝一二パーセント
●小学四年生のとき＝一一パーセント

となっています。誰からいじめられたかについては、「クラスの友だち」が圧倒的に多く、六九パーセントに及んでいます。

いじめの内容については、

●聞こえるように悪口を言われた＝二七パーセント
●無視して口を聞いてくれない＝二一パーセント
●暴力をふるわれた＝一九パーセント
●いない場所で悪口を言われた＝一四パーセント
●持ち物にいたずらされた＝七パーセント

となっており、いわゆる「いじめ」というのは、一般的にこのようなことを意味するということが分かります。

また前述のように、いじめを受けたときの対応としては、

●とくに何もせず、我慢した＝三三パーセント
●いじめに対し、抵抗した＝二八パーセント
●親しい友だちに相談した＝二一パーセント
●親などに相談した＝一九パーセント
●いじめをやめるように言った＝一一パーセント
となっています。

## 誰も気づいてくれない

さて、いじめによる自殺がいまだに後を絶たないのは、非常に残念なことです。右の事件の後、長崎市の中学二年の女子生徒が飛び降り自殺をしました。彼女の遺書には、「毎日、毎日、行動と言葉でいじめられているのに、誰も気づいてくれない。消えてやるよ。殺されたも同じだ」

というように書かれてあったそうです。彼女は小学校の時代からいじめにあっていたようで、中学校へ進学するときには、母親が担任に「気づかってやってください」と相談していたといいます。

そして実際、この生徒が級友から「臭い」などと言われていじめられていたため、担任

は何度も注意し、いじめをやめるように個別に指導していたといいます。しかし、結局は、いじめはなくならず、この生徒を死に追いやってしまったのです。

この女生徒の遺書には、いじめる側にいたと思われる男子生徒三名の名前が書かれていましたが、彼女の居場所を奪ったのは、本当にこの三人だけだったのでしょうか。

彼女の遺書にあった「誰も気づいてくれない」という悲痛な叫びを、学校関係者はもちろんのこと、親たちもしっかりと受けとめなければなりません。もっともっと、子供たちに目や心を行き届かせることの必要を痛感します。

## いじめに対して何もできない自分

わたしは平成十年まで、将来、教員になる学生たちを教えていました。そこでは真剣に教育のあり方、教師のあり方などをわたしなりに考えてきたのですが、当然、いじめの問題についても、学生たちと一緒に真剣に考えました。

「自分も実際、いじめのはげしい小学校に通っていました」

と語ったある女子学生は、当時をふり返って、自分もまた、いじめられている友だちを助けることも、いじめている人を止めることもできずにいた……という辛い思い出を話してくれました。

彼女自身、「いじめはいけない」ということはじゅうぶんに理解しているつもりでした。しかし友だちが実際にいじめられて学校に来なくなり、そのことでクラスで話し合いをしたときに、いじめていた生徒が、

「ぼくたちはいじめてなんかないよ。○○さんがいじめてたんだぜ」

と言った。さすがに黙っていられなくなった彼女は、とっさに手を挙げて、

「そんなこと言っているけど、ほんとうは、あなた……」

と言いかけました。ところが次の瞬間、彼女の心の中に「今度は、わたしがいじめられる」という思いがよぎりました。それで、言葉が途切れてしまったのでした。

彼女は、とりかえしのつかないことをしてしまったという気持ちと、いじめをしている相手を糾弾できない自分の勇気のなさに対する情けなさとが入り交じって、声をあげて泣いてしまったそうです。

この光景を見かねた友だちが、代わりに意見を言ってくれたので、その場はなんとかおさまったそうですが、このとき彼女は、自分のことより、人のことを思うということが、どれほどむずかしいことか、と同時に、またどんなにすばらしいことか、を実感したそうです。

## シグナル

いじめは、今はじまった問題ではありません。前にも述べたように、わたし自身も、子供のころからいじめを経験してきました。というより、わたしの世代の人間は、いじめたり、いじめられたりを経験しながら、子供から大人へと成長していき、人間の社会というものを学んでいったように思います。

ところが、最近のいじめは、昔のそれと少々違ったかたちになってきているようですね。昔は「いじめっ子」と「いじめられっ子」が、大人の目にも見えていた。ところが今は、自殺をした子の遺書を見てはじめて、いじめがあったことに気づく……というような傾向があるようです。表面にあらわれて来ない分だけ、ことは深刻だといえます。

前述の女子学生の述懐のように、自分に被害がかかるといやだから、という理由で友だちを助けられない、と心配する子供が多いとしたら、程度の差こそあれ、実際には多くの子供たちが、いじめの現場で悩んでいると見なければならないでしょう。

ゼミの学生たちは、

「いじめている側の子供たちも、本当はそんなに悪い人ではなく、優しさや正義感だってもっていると思う」

「人を傷つけて楽しむように育った人間は、ある意味では被害者かもしれない」

と考えていました。いじめる側の心理もまた複雑になってきているのでしょう。

それでは親や教師は、いじめに対して、具体的にどう対処すべきなのでしょうか。

たとえば、つねに子供たちを冷静に観察できている親や教師は、子供が発しているシグナルを正確に受け止めることができます。

ところが、世の中には「子供も親も同じ人間で平等だ」と考えて、子供とベッタリの人間関係を作ってしまう親や教師がいます。よく母と娘が、姉妹のように、あるいは友だち関係のように仲良く、町中を歩いている光景を見かけますね。

しかしこのような関係だと、意外なようですが、親の子供に対する受け止め方が不十分になってきます。〝親として〟しっかり子供の全てを受け止めるという意識も薄れてきます。ですからまず親は親としての、教師なら教師としての立場を強固なものにしておかなければなりません。

よく「子供の目線で見る」といわれますが、子供と対等になってしまうと、子供の全体像を冷静に観察することがむずかしくなります。そうでなく「親の目線」をしっかり確立して、子供を観察するようにつとめることです。

そのためには、子供と接する機会を捉えて、意識的に子供を観察することです。第1章で述べたように「見て、とどめる」のです。そして『奇蹟の手帳』（谷口雅春監修、生長の家本部編集、日本教文社発行）や『讃嘆日記』（新教育者連盟監修・刊）という、自分で書き込みができる手帳や日記帳が発行されているのですが、そのようなノートに、子供を観察していて気がついたことを、一つ一つ書きとどめるようにすれば、なおよいでしょう。

**一通の手紙**

次の手紙は、いじめに悩む女子中学生が、わたしに送ってくれたものです。その内容をここに掲載させていただきます。

「首藤先生へ
先日はお話をしていただき、ありがとうございました。先生の笑顔、楽しいお話で気分が良くなり、久しぶりに笑いました。この二、三日、いやなことがいっぱい重なってしまい、涙を流す日が絶えなかったのです。わたしも泣いてばかりいても楽しくならないし、いやな気分になるばかりだと分かっているのに、いやなことが忘れられません。自分自身、情けなくなって、いっそ死んでしまいたいなんて考えました。自分で自分を傷つけてドンドンいやになろうとしています。
母に、『嫌なことは忘れなさい。あなたにはいっぱい素晴らしいところがあるよ』と言われると、余計に悲しくて悲しくて、母に悲しい顔を見せて、母を苦しめています。嫌なことがあると、何もかもが嫌に見えます。

友達と喧嘩をしてしまい、学校の友達はわたしと話をしてくれません。みんなコソコソとわたしの悪口を言っているのが聞こえて、いたたまれなくなって、逃げて帰ってしまいます。

親友と思っていた人に裏切られたり、好きな人がいるのですが、学校の先生には遊びだと言われて不安がいっぱいで苦しくてたまりません。好きでもない男子から、しつこくつきまとわれて、体に触られました。授業中にフッとそのことを思い出したり、夜寝る前にその情景が浮かんできて、思い出したくなくても浮かんできて消えません。まるで体じゅうに虫がはっているようです。誰にも言えずに一人で苦しんでいます。

どうしたらいいのでしょうか。わたしには泣いて苦しむことしかできません。両親は、わたしが陸上競技で走るのが唯一だと思っていて、わたしはそのプレッシャーで走りたくないと思うことがあります。そう思うとつらいです。わたしには走ることしかないのかなって思うと、つらくなります。

首藤先生は笑顔がとてもステキで、先生を見ているだけで気分が良くなります。いまのわたしは、笑うと顔が引きつって泣いてしまいます。

鏡を見るのがこわい気がします……

自分が情けなくて汚くて人間失格だと思います……

お母さんや家族に優しくされると心が苦しいです。自分を見失いそうでとても不安です。

わたしは先生に手紙を書くことが何よりも楽しいです。自分の気持ちを全部書いて少しでも楽になりたい。でも、まだ、学校に行く勇気が出ません……

でも、頑張ります。自分自身が好きになれるように努力します」


**「生きててよかった」**


わたしはこの女子中学生と会って、お話ししたのは一度だけなのですが、彼女はそれ以降、わたしに何度も手紙をくれるようになり、やがて学校に復帰していきました。

どうやらわたしに手紙を書くことで、正直でありのままの自分の気持ちと対面をし、努力して自分のつらい気持ちを乗り越えていったようでした。わたしは彼女に、よくこう書きました。

「あなたはすばらしい人。自分自身を敬い礼拝しましょう」

「わたしはわたしが好きです、と何度も唱えましょう」

そして、いじめに来た友だちやいやな友だちに対しては、

「あなたは神の子です。わたしも神の子です。互いに、生命の世界では一つです。だから、わたしはあなたをゆるしました。あなたもわたしをゆるしました」

というように唱える「和解の祈り」を勧めました。彼女は素直にそれを実行してくれたようでした。彼女から次のような手紙が届きました。

「先生、お元気ですか。わたしはようやく学校に行くことができました。はじめはこわくて、人から文句を言われないかとか、嫌な思いをするのがこわくて逃げていました。まだ不安です。でも、生長の家の勉強をして、何もかも感謝の気持ちでいっぱいです。友達の大切さ、両親のありがたさ、勉強の大切さを、今やっと分かりました。嫌なことやいじめられることがなければ、こんな気持ちにならなかったと思います。

今、すごく幸せです。正式な祈り方は分かりませんが、クラスの人の名前を呼んで、『ありがとうございます、ありがとうございます』と祈っています。以前だったら、こんなこと考えられません。

今、すごく楽です。今日、それほど親しくなかった人から『久しぶりね』と声をかけられ、とてもうれしかったです。人って、優しいですね。親友だったあの友達とは、まだうち解けられませんが、友達の悪口を平気で言いながら、相手の顔色を見て、その場だけ仲良くしていたときのことを思うと、少し気が楽です。でも、大好きです。嫌われていても……。

自分でも強くなったと思います。生きててよかったです。先生もお体に気をつけて頑張ってください。先生の笑顔と明るい言葉で、多くの人を喜ばせてあげてください」

いじめ、不登校をバネにして、格段に成長していった彼女のことを、わたしはとても頼もしく思いました。なんという変貌ぶりでしょう。これまで自分のことで頭がいっぱいで、死にたいほどに思いつめていた彼女が、周囲の人々に感謝するようになり、さらに自分を傷つけた相手に対しても、いたわりの感情をもてるようになったのです。

問題が起こる以前の彼女は、どこにでもいる、ふつうのいい生徒でした。陸上では県下一になるほどの努力家でもありました。そんな子でも、ひとたび傷つくと、精神的に大きく混乱をきたすし、不登校になってしまうような世の中です。

彼女のようなケースは、誰にでもあり得るということです。だからこのようなときにこそ、親やまわりの人間が、どう接するかによって結果が全く違ってくるのです。

## いじめの変質

これまでわたしは、教育相談（面会しての指導）や電話相談、手紙相談などを数多く行ってきました。そこで話をする現代の子供たちの姿は、耐えることや強い精神力に欠ける弱々しいものでした。

前述の彼女も、いじめられて言い返すことができませんでした。いじめに対して「無抵抗」なのです。と同時に、友だちと交わることが少なく、いわば孤立していました。

これは、核家族や少子家族が多くなったことと無関係ではありません。かつての日本は、どの家庭も「子だくさん」でしたから、子供たちは多くの兄弟姉妹の中で、もまれて育ったため「こらえ性（忍耐力）」があります。また少々のことでは、ひるむということがありません。幼くしてサバイバルを経験してきているのです。

だから、いじめられたら、相手に食ってかかるような「芯の強い子供」がたくさんいました。たとえ相手が強くて、勝てそうになくてもです。いじめの内容も、今日のように悪質なものではありませんでした。いじめっ子も限度をわきまえていたのです。

ところが、最近のいじめの特徴は、特定の子供に対し、長期間にわたって陰湿かつ残忍な方法で行われます。いじめている本人は、善悪の判断がつかない傾向にあり、たとえその判断がついていても、自制心に欠けているために、なかなかいじめをやめることができません。そして何より「他人の痛みが分からない」で育ってしまっているのです。

いじめ問題の解決には、子供たちへの「心の教育」の充実が必要です。何より、いじめは絶対に許されるべき行為ではないということを、子供たちの心に刻印することが大事です。そしてよくいわれていることですが、偏差値重視の教育から「個性、創造性、自主性」を重視する教育へと、方向転換を図らなければなりません。

家庭にあっては、他人への思いやりを教えていくことはもちろん大切ですが、そこからさらに発展させて、他人と自分は一体なのだという「自他一体の愛の教育」を教えていくとよいでしょう。また、友だちと協力して生きることの大切さも、幼児期から教えるとよいでしょう。本当は「受胎」と同時に育児ははじまるのです。

いじめはじつにむごい「仕打ち」です。昔から上下関係とか、強い者と弱い者、優者と劣者、富める者と貧しい者など、他者との比較の中で生まれる人間関係の〈ゆがみ〉から生じるものが「いじめ」であり「仕打ち」です。

## いじめる子との和解

数年前、あるお母さんからお子さんの「いじめ」と「不登校」の問題でご相談を受けました。

このお母さんは、息子のS君が、友だちからひどい仕打ちにあっていることを知り、S君の姉である長女の不登校の問題と重なって、とても胸を痛めておられました。

お母さんは、何度か担任の先生のところに相談に出向いたのですが、逆に担任の先生からは、S君の友だちづき合いでの問題点、つまり協調性のなさや、学習意欲の欠如などを指摘されて帰ってきました。それでそのことをS君に注意すると、S君の抵抗はもっとひどくなったのでした。

それで本人によくよく聞いてみると、力の強い友だちの仕打ちを避けようとすればするほど、いやがらせや暴言、暴力まで受けるようになったのだというのです。

ある時、S君の同級生であるN君とI君が家にやってきて、S君のお金を脅し取ろうとしていました。それでこのお母さんは怖くなって近くの交番へ届けたのですが、警察では全く取り合ってもらえなかったそうです。

それでお母さんは、わたしのところに教育相談に来られて、息子さんは本当に彼らと縁を切りたがっているのだと、涙ながらに訴えられました。

わたしは、この方の家のご先祖様のお名前を聞いて、そのお名前を読み上げ、ご先祖様に語りかけました。何を語りかけたのかというと、日常、この方のご家族をお守り、お導きいただいていることに感謝を申し上げたのです。まずこれが第一です。

次に、S君をいじめている「N君とI君をゆるします」という言葉を唱えました。そして、この方の家と、N君の家、I君の家が「大調和しているのである」と数回、唱えました。それから、彼らの学校にも先生にも感謝しました。そして最後に、

「御心のごとくならしめ給う」

と宣言しました。それから、このお母さんと「だいじょうぶ、だいじょうぶ」と繰り返し唱えました。その後で「実相円満完全」と二〇回、心を込めて唱えました。

それから二、三日たって、お母さんから電話がありました。なんとN君とI君がS君に謝ってきて、仲直りができました……という報告でした。

お母さんの真剣な「ゆるしと大調和の祈り」の実践が実を結んだ結果です。

**大調和の人間関係**

自分の子が「いじめにあっている」と知ると、ほとんどの親は気が動転してしまい、いじめた子供を責め、ののしり、担任の先生の責任を追及したりしがちです。しかしこんなときこそ、子供の心をしっかりと受け止めて、心静かに学校と本人の大調和を念じるのが肝心です。

とくに、子供が就寝している枕元で、

「眠っている間に、あらゆる点でますます向上して、○○君・○○さん（お子さんでも敬称で呼びかけます）の神性・仏性が完全に発揮されますから、目が覚めるといっそう向上して、すべての人と物と事とに大調和できる大人物になっています」

といった意味の言葉を唱えながら、その姿を心に描いてください。そうすると、お子さんを通して、友だちも、先生も、みんなが互いに尊敬し、信頼し合える学校・クラスになっていきます。

「生長の家の教育」の実践現場では、「本来、悪なし」「善一元の世界のみが実在する」という実相直視《じきし》の教育哲学をもって、いじめや不登校、その他の問題の処理と指導にあたり、多くの子供たちの善性を引き出してきました。

『生命の實相』の第7巻（頭注版）に「わが心の王国を支配せよ」という項目があります。心の迷いが、肉体に映ると、血液などの成分に変化を起こし、病気をつくりますが、それが人間関係に映ると、憎しみや妬みなどを引き起こすことが書かれています。

この世界は「心が引き起こす世界」なのです。とくに「迷い」から生じる悪感情を征服するには、感謝の言葉や優しい言葉をどんどん使って、愛を実践するに限ります。

いじめ、不登校、ゆすり・たかりなどの教育相談は、今でも後を絶ちませんが、結局は、学校・家庭・地域社会での対人関係の能力を高める教育、すなわち「ゆるし合い」「認め合い」「ほめ合い」そして「感謝し合う」大調和の人間関係づくりに帰着するのだということを、今つくづく実感しています。

### 不登校の実態

最近は「登校拒否」という言葉はあまり聞かなくなりましたが、その代わりに「不登校」という言葉をよく聞くようになりました。これも今、深刻な問題です。不登校というのは、児童・生徒が、三〇日以上、学校に行かないことを指します。もちろん、病気による欠席は含まれていません。

年々このように学校に行かない子供の数が増えて、ついに一〇万人を突破した、と文部科学省は最近発表しました。しかし実際は、この倍はいるといわれています。

わたしのところの教育相談にも、「不登校をなんとかしたい」といって相談に来られる方が増えてきました。

兵庫県のW君(当時小三)は、父親の転勤で転校を繰り返していました。当然、転校先のクラスメートとも、言葉が違うということで、なかなかなじめません。とうとうW君は、自宅にこもりがちになりました。わたしはご相談に見えたお母さんに、

「今は、お母さんのそばに居たい時期なのです」

といって、心を落ち着けて、どっしり構えていればいいんですよ、と諭《さと》しました。そして、W君と学校との大調和を念じて、担任の先生や友だち、特に校長先生に感謝をすることをすすめました。

そうするうちに、ちょうどよく「生長の家の教育」を実践しておられるP先生に出会うことができ、W君とお母さんは、日々変わってゆきました。W君は、結局、数カ月でまた転校しましたが、もうだいじょうぶだったようです。今は成績も向上し、とてもよろこんで登校をしているそうです。そればかりか、スポーツにも励んでいるそうです。

何度もいうようですが、このような一見、問題児と見える子は、じつは、親や教師にとって、天使のようにありがたい存在なのです。なぜなら、親や教師の中に宿る指導力や信頼感、教育愛といったものを大いに引き出し、発揮させてくれるからです。

## 行きたくないのに、無理に行くことはない

先日、大学生の息子が不登校だといって、ご相談に来られた方がいらして、ちょっと驚いたのですが、大学生でも不登校はあります。親からむりやり「大学に行け！」といわれて、行きたくもないのに、仕方なく受験して、なんとか受かったからといって、大学に漫

然と通っている若者もいっぱいいるわけです。そして五月病にかかったり、あるいは何かイヤなことがあると、もう「今日は行かなくたっていいや」となってしまう。これも親からすれば、立派な不登校ということになるのでしょう。

しかし、わたしが中学校の教師をしている時代にも、今のように数は多くありませんでしたが、不登校の子供はいました。わたし自身、不登校生徒の家へ、何十回となく通ったものです。昭和四十五、六年から五十年ごろのことです。

当時、中学二年だったA子さんは、同級生からいじめられたといって学校に行かなくなりました。それでわたしが、A子さんの家を訪問することになったのです。家へ行くと、A子さんは蒲団の中に潜り込んで、出てきません。そればかりか、

「先生なんか嫌いや！」

といって追い返されたものです。何回かこういうことを繰り返したのち、わたしは、

「ああ、学校に行きたくても、どうしても行けない子供に『来い、来い』と言うのは無慈悲なことなんだなぁ」

と思いました。こののち、またA子さんの家を訪問したわたしは、家に上げていただいて、この家のご仏壇に手を合わせて、ご両親とお話をさせてもらうだけにしました。そして帰り際に、A子さんには、

「今は、家にいたいんだよな。だから無理に学校に来なくてもいいさ」と言って帰りました。その次の日、わたしはA子さんのクラスメートに、「みんな、A子さんの家に寄れる人は、朝、寄ってあげてください。でも、『学校に行こうよ』と声をかけなくてもいいんだ。それよりも『今日はこんな勉強をするんや』というようなことを言ってあげるといいです。A子さんが、みんなから取り残されていないんだということを伝えてほしい。とにかく顔だけでも見せてあげてくれ」

と、声をかけました。多くのクラスメートは、翌日からそのことを実行してくれました。するとそのうちにひょっこりとA子さんは、学校に来るようになりました。A子さんの不登校は、それ以来治まってしまいました。その後、A子さんは短大を出て、今ではいいお母さんになっています。

### 不登校がはじまったら

子供の不登校の兆候《ちょうこう》は、朝になると、なぜか腹痛や頭痛がして「学校を休みたい」と言い出すことからはじまる場合が多いようです。昼間や夜はなんともないのに、また朝が来ると、やっぱり学校へ行けないと言いだします。

親は心配して医者に見せます。当然、異常なしといわれます。子供は子供で、

「仮病なんかじゃない。本当に痛いんだよ」

と叫びます。こういう状態になってくると、親は、

「もしかして、うちの子にも不登校がはじまったのではないか?」

と思いはじめ、同時に、「いじめに遭《あ》っているのではないか?」といって、子供を問いつめるようになります。

じつはこの頃が、不登校の子供にとってはいちばんつらい時期です。腹痛も頭痛も、ウソでも仮病でもありません。なのにお昼を過ぎるようになると、とたんに痛みが治まってしまう。子供自身も理由がわからない。

そうこうしているうちに、親が「お前、いじめられているのかい?」などと言って問いつめるものだから、子供は苦しまぎれに、

「いじめられているんだ。先生のせいだよ」

などと答えてしまいます。一般には、こんなケースがたいへん多いのですが、このような対応を取るようになると、子供は学校へなかなか復帰できません。

このような兆候が表れてきたときは、どう対処したらよいのでしょうか。まず大事なことですが、子供の「不登校の理由」を、〝むりやり聞き出す〟というようなやり方は、やはり感心できません。

「とにかく、不登校の理由を問いつめれば、その理由がわかる。理由がわかれば、やがて問題は解決するだろう」

というのが「親の愛情」だという思い込みが、多くの親御さんにはあるようですが、じつはこれは、問題を「学校のせい」や「友だちのせい」だと短絡的に決めてしまいかねないところがあり、またこれによって親自身が安心してしまう傾向があるのです。

こういうときのお父さん・お母さんの心理をのぞいてみましょう。

「学校は、当然子供にとって、行くべきところ」

「学校へ行かない子はおかしい」

「自分の子が、学校へ行かないとなると、近所の人がどう思うだろうか」

というような思いが、頭の中を占めている場合が多いのです。しかしこういう思いでは、子供に「なぜ、子供は学校に行かなければならないの?」と聞かれて、子供が納得する適切な答えはでてきませんね。

ともかくまず、子供の心にじっと耳を傾けることです。これは、不登校の理由を問いつめることとは根本的に違います。また、子供のことが心配のあまり、叱ったり、泣いたりする親御さんもありますが、これも同じく逆効果を生んでしまいます。なぜでしょうか?子供は、一番わかってもらいたい人に「拒否されてしまった」と思って絶望してしまうからです。

親御さんはこういうときにこそ、親としての真価が問われていると思って、慎重に行動していただきたいと思います。

「学校に行かなくても、人生が終わってしまうわけではないのだから」ぐらいの気持ちでゆったりと構えて、子供に宿る「すばらしさ」を、心の目でじーっと見つめ、子供の気持ちの整理を手伝うようにしましょう。子供は、不登校をはじめたことによって、自分もまた崖っぷちに立たされているということがわかっています。だから学校へ行くのも、また休むのも怖い、という状況なのです。

こういうときにこそ「神様からもらった心の休暇だ」ぐらいに思って、ゆっくり子供さんと話し合ってみるのもいいではないですか。「なぜ、学校へ行くのか?」「なぜ、勉強をするのか?」「将来は、何になりたいのか?」などについて、じっくり話す機会を多くもつチャンスです。心の底から「親と語り合えた」と実感できた子供は、これをきっかけにより強くなって登校をはじめることができるのです。

## 援助交際という現象

「援助交際」という言葉をはじめて聞いたとき、わたしは、

「援助？　交際？　何のことだろう？　一種のボランティアのようなものか？」

と思ったものでしたが、今ではすっかりこの言葉も社会に定着した感があります。聞くところによると、この新しい言葉を『広辞苑』に入れる、入れないで議論があり、結局、入れないことになったそうですね。一時的な流行語、あるいは流行現象だと判断されたのかどうかはわかりませんが、いずれにしても、日本を代表する国語辞典にこんないいかげんな言葉が載らなくてよかったのではないかと思っています。

というのも、「援助交際」というと聞こえがいいですが、これは売春行為なのです。斡旋・勧誘などすると、当然、犯罪として検挙されますね。

でも時代は変わりましたね。ひと昔前は、売春といえば、裏には暴力団が絡んでいたりして、社会の裏側で操作されている違法行為という陰湿なイメージがありました。ところが今はどうでしょう。同じことを、素人の女性、というより、どこにでもいるふつうの女の子、驚くことに未成年の女子高生が、あっけらかんとやっているわけです。

「援助交際」という言葉自体の意味が曖昧ですが、この言葉にも、今という時代が象徴されていますね。体を売っている女の子にも、買っているおじさんにも、悪いことをしているという意識がないようです。当事者たちは、あっけらかんとしています。

「べつに他人に迷惑をかけているわけじゃないから、いいんじゃないの？」

というわけです。こういう調子で娘に開き直られたので、親の方は言葉がなくなってしまった、という光景が多くの家庭で見られるようになりました。これに歩調を合わせるかのように、ここ数年、「娘が援助交際をやっている」という悩みを教育相談にもち込まれる方が多くなりました。

## 一家の中心を立てていない

高校二年のB子さんも、

「年寄りを喜ばせているのだから、むしろいいことじゃないの？」

と、少しも反省の気持ちがありませんでした。こうなると、親がなんと言っても聞きませんね。さて、そのB子さんにはお兄さんがいるのですが、意外なことに、そのお兄さんが声をかけると、B子さんは、「なんや、男臭い」などと言って、たいへん嫌がるそうです。お年寄り（中高年）のおじさんならよくて、まだ年若いお兄さんは「男臭くてイヤ」というのは、なんだか不思議ですね。

わたしは、この家庭には「正しい男性観」がはぐくまれていないと思いました。それでB子さんのお母さんに、

「もしかしたら、お母さん、ご主人に感謝してないのではないですか？」

と聞きました。「男性と女性の役割」については、あとで詳しく述べたいと思いますが、ふだんから「お父さんのおかげで」という思いや言葉が、子供さんにちゃんと伝わっているような家庭では、子供が〃性的に乱れる〃ということはありません。

「一家の中心」がちゃんと立っていないと、家庭はグラついてしまうのです。では一家の中心とは何かというと、それは「父親」なのです。これは、仕事をして家族を養っているのは父親だから、父親が一番エライのだ、ということを言っているのではありません。反対に「お父さんに養ってもらっているのだから」というような〃媚《こ》びる〃ような気持ちはマイナスです。

一家の中心に父親がいるというのは、いわば自然界の摂理なのです。その理由は、あとで述べますから、ここではB子さんの家庭に戻りましょう。

予想した通り、B子さんのお母さんも、家庭でお父さんを立てていらっしゃいませんでした。ですから、一家の中心を立てていただくようにお話ししました。するとお母さんは、家庭の中でのご自分のあり方を反省なさいました。それからは、娘をとがめる代わりに、ご主人や子供たちの「実相を観る」ようにされたのです。つまり、前述のように、ご主人や子供は、本来「善そのもの」であり、神の子・仏の子であると、心の目でじーっと見つめる努力をされました。

その上、お母さんは、時間のあるときには、生長の家の道場に来られて、神想観をして心を整える練習をされました。神想観というのは、生長の家で教える坐禅的な瞑想法のことです。つまり、ご主人や子供さんの〝本当の姿〟つまり、実相は「神の子」であり、善そのものである……と、心の目で観る訓練をされたのです。

お母さんが毎日そのような練習を続けていると、あるとき、はじめて娘のB子さんの方から、援助交際を続けているのは「お金に魅力があるため」であり、今では足が洗えない状態になってしまっている、と言ってきたそうです。

## 男の責任

しかしB子さんは、自分が「悪いことをしている」とは思っていません。なぜなら、「友だちもみんなやっているから」と言うのです。B子さんの周囲には、そういう子ばかりいて、「みんなそういうことをいっぱいやっている」と言うのです。

「みんなやっているのだから、自分がやっていて何が悪いのか」というのが、B子さんの率直な気持ちなのでしょう。援助交際が抱える大きな問題点の一つに、当事者たちが罪の意識を感じていないという点があげられます。誰にも迷惑をかけていないから、いいじゃないのと開き直られて、口を閉ざしてしまう親や教師が大変多いのです。

わたしはそういう話を聞くにつけ、これは「男の責任」でもあると思いました。日本の男は、あまりに日常的に、女を求め過ぎています。四六時中、女を求めている男もいるほどで、これをさらに考えると、男の責任というよりも、メディアを含めた社会が、戦後一貫してこういう世の中をつくってきてしまったということができるでしょう。

かくいうわたしも男ですから、女の子を見ると、かわいいなと思うものですから、つい「食事にでもいこか?」と誘うことがあります。多くのおじさん族(中年男性)も、そういう経験があるのではないでしょうか?

しかし、「かわいい女の子がいたら、誘いたい」という思い、つまり、女性に対するこういう見方があるから、昔からあったセックスに対する一定のルールとか、売春に対する罪悪感が、崩れていっているのかもしれないのです。

だから、こういうのは男の責任ですね。世の中年男性がたむろしている場所、たとえば居酒屋とかバーなどに行きますと、それこそごくふつうの年配男性が、とある女性を「自分のものにしたぜ」といって得意顔で話したりして、またそれをおもしろがって聞いている人もいたりしますが、こういう中年男が、自分の娘ぐらいの女子中高生に声をかけて、お金でからだを買うようなことをしてしまうのです。

これの解決策は、夫婦の関係が良好であり、家庭内が円満であることです。もし家庭の中が明るく調和をしていたら、男性の方も、女性を「性の対象」としてとらえることもなくなってきますし、感情のままに「女性に声をかける」ということもしなくなると思います。

## 経済的な理由？

わたしが短大に勤めていたときのことです。三人の女学生が、援助交際をしているといってわたしのところに相談に来ました。なぜ相談に来たのかというと、この中で中絶をした学生が、

「子供の泣き声が耳について離れない」

と言うのです。これには驚きましたが、適切な供養のしかたを教えるとともに、懺悔《ざんげ》の気持ちがあるのなら、その子に心の底から謝りなさい、そしてそういうことは、二度としないことです、と指導しました。中高生ばかりか、女子大生も「援助交際」をする時代なのです。

また別の子は、学生寮に入っているのですが、寮での費用に困っているというので、授業が終わると、街に出ていって援助交際をしていたというのです。「もうやめよう」といつも思うのだけれど、家から仕送りをしてもらえないために、いちばん手っ取り早いバイ

トのような感覚でやっている、と言っていました。

「経済的な理由で、援助交際をする」というのは、一見、スジの通った理由のようですが、やはりそれはいけません。昔だったら、貧しい時代に身売りをしていた時代もあったでしょう。しかし今の日本は、そういう貧しさにはありません。言い訳なのです。女子大生だったら、バイトはいくらでもあります。

いずれにしても、こういう学生には、正しい男性観をもってもらう必要があると思っているので、わたしがいつも人にすすめている「理想世界」という月刊誌をプレゼントしてあげました。この「理想世界」は、「生長の家の教育」の基盤となっている生長の家の考え方によって人生の指針が紹介されている、若者向けの雑誌です。

## メディアの影響

前にも述べましたが、戦後の「性の意識」の変化には、メディアの影響が大きいと思います。戦後一貫して、テレビ、映画、ビデオ、雑誌、インターネットなどのメディアは、自由恋愛と自由性交を描写する内容を、毎日毎日、洪水のように流してきました。

トレンディー・ドラマと銘打った夜のテレビ・ドラマでは、ほとんどすべてが〝男と女の恋〟を描いています。しかもこういうドラマが、各局順ぐりに、毎日のように放映されているのです。視聴率も高いようです。

そして今の若い世代が、日々そのような煽情《せんじょう》的なドラマばかり見ているとしたら、昔のような正しい異性観が育つわけがありません。そうでなくても、中学生や高校生になると、自然と異性に興味をもつようになるのですから。

お父さん・お母さん方のなかには、そういう自然な感情をできるだけ他のことに向けさせようと、スポーツを勧めたり、勉強に打ち込むように、ガミガミ言ったりする方が多くいらっしゃるようです。しかし、これでお子さんが何ごともなく高校を卒業したとしても、大学生になって一人暮らしをはじめたりすると、とたんにタガがゆるんでしまって、逆に異性におぼれてしまった、というようなケースも多いのです。

ですから、やはり中学生あたりから「正しい異性観」をもつように、家庭で導いていくのがいちばんいいと思います。それにはまず、お父さんとお母さんの関係が〝円満〟であることが基本です。なぜならお父さんとお母さんは、子供にとっての「異性の鑑《かがみ》」みたいなものですから、ここがうまくいっていないと、やがて子供が異性の問題で苦しむことになりかねません。

前述のメディアの影響の話に戻りますが、最近は、学校教師のご乱行のニュースが、頻繁にテレビや雑誌で流されます。もっとも、不祥事続きは、教師ばかりではなく、警察から外務省まで、おカタい職業全般にわたっていますが、それでも教師というのは、〝指導者〟の立場にあり、昔は「聖職」と呼ばれるほど尊く立派な仕事だと思われていましたから、そんな立派な人が、まさかセクシャル・ハラスメントに近い意識で、女性を見ているなんて、誰しも信じたくない現実だと思います。

教師がそんなことでは、子供にいくら「援助交際はいかんぞ」などと言っても、子供は「先生だって……」といって聞かないでしょう。子供たちは、そういう大人の異性観などを敏感に察しているものなのです。

だいたい、今の教師と生徒の関係は、あまりいい関係だとは思えませんね。昔は、生徒は、教師に対していつも「いい緊張感」のようなものをもっていました。教師の方もそうでした。ところが今は、生徒にとって教師は、ちょっと年上の兄貴のような存在になっているようです。そういう感覚だから、教師に対する言葉づかいも乱れてしまうのです。教師に対して「呼び捨て」にするなどは、昔ではとても考えられないことです。

しかし最近の教師は、そうやって生徒から友だちのように扱われると、子供たちが自分になついているというような気になるのでしょう。いい先生とは、友だちのような先生のことだ、と思い込んでいる教師までいるほどです。

## 茶髪やルーズソックスは危険信号?

前述のように、近ごろは、ふつうの子が援助交際をしたり、ナイフをもち歩いたりするご時世ですから、親御さんは子供さんのそんな「ちょっとした変化」を感じとるだけで、戦々恐々としておられるようです。

たとえば、まじめでいい子だった娘が、このごろ茶髪に染めた、ルーズソックスをはきはじめた。不良の仲間入りをしているのではないか? といった不安を訴える親御さんの声もよく耳にします。

茶髪については、文部科学省からわたしども新教育者連盟に対しても、「茶髪にしないように子供たちに指導をしてほしい」という通達がきました。これは全国の社会教育指導団体宛てに出しているお達しですが、じつは「ナイフを持たないように指導してほしい」という通達のなかに含まれていました。

つまり、茶髪も「悪いこと」だととらえているわけです。しかし、髪を染めている子供たちは、それが悪いことだなんて思っていませんね。なぜかというと、大人も髪を茶色に染めているからです。日本を代表するサッカー選手も染めていますね。

新教育者連盟の入っているビルは東京・原宿にあるのですが、近くに「竹下通り」という有名な通りがあります。そこには、茶色どころか、赤や緑、青、白、銀色にまで髪を染めた若者がいっぱい歩いています。髪を染めているから、相当の不良かなと思って話しかけてみると、けっこう親切で行儀正しい、いいお兄ちゃんだったりします。彼らにとって、髪を染めるということは、一つのファッションなのです。もっとも原宿では、みんな髪を染めているものだから、逆に「黒髪」の方が珍しくて個性的な気がしてきました。

あるとき、学校にピアスをしている学生がいました。そこで、

「おお、君は個性を表現するのが得意だなあ」

と声をかけると、彼はすぐにはずそうとしましたから、

「いや、はずさなくてもいいんだ。似合っているからなぁ」

と言うと、彼はとても嬉しそうな表情を浮かべました。彼らにとって、あれは〝ふつうの格好〟であり、ファッションなのですね。だから、大人がいかに批判しても、なぜ注意されているのか、今一つ実感がないのでしょう。

もちろん、それぞれの学校には、それぞれのルールがありますから、「うちは全員、坊主頭だ」という学校は、そのルールに従って取り締まりを行えばいいと思いますね。「ルールを守る」ということをしっかり学ぶのも、学生の任務ですから。

## 認められたい、みんなと同じでいたい

最近の女の子の流行は、肩がまるまる出ている服なのでしょうか？　細い紐《ひも》でかろうじて服をつっているという格好です。いわゆるSEXYというような表現になるのでしょうが、男性諸氏の目は、ついついそちらに行ってしまうようです。要するに、刺激的な格好だということになります。ちょっと前までは「へそを出す」ことが流行っているなと思っていたら、今度は、なんだか下着姿のままで外に飛び出してしまったような格好をしているわけです。誠に男性からすると、目のやり場に困ってしまう光景ですね。

簡単にいうと、この子たちは「認められたい」のですね。わたし自身、子供のとき、認められたいものだから、奇声を発してみたり、たばこを吸ったらいかんといわれているのに、たばこを吸ってみたりしました。

親や教師、あるいは社会から「禁止」されていることや、「いけない」といわれていることを、あえてやってみることの意味は、そういう社会生活のルールを批判するような行動を起こして、わたしにもこんな力があるんだということを表現したい心のあらわれなのです。

だから、そういう行動を頭ごなしに批判するのはではなくて、ちょっと認めるといいと思います。非難は「ダメ、静かにしろ」というのと同じで、圧力で相手を屈服させようという行為ですから、なにもいい影響を及ぼしませんし、効果がありません。

ただ意識としては、一般の女子高生がやっているような、茶髪にしてスカートを短くしてルーズソックスをはくという行動は、ごく当たり前のことなので、べつに親や社会に反抗するという意味合いは少ないようです。みんながやるから、自分もやらないと、なんだか仲間はずれになったような気がするわけです。

しかし、みんなが「右へならえ」で同じような格好をして、おまけにアクセサリーまで同じで、キティちゃんなどの小物をぶら下げて歩いている……といったことの方に、むしろわたしは問題を感じます。これはもう「没個性化」の現象といってよく、周りのみんなと同じことをしていないと不安、といった心情のあらわれです。

本人たちは、個性を表現しているつもりでも、じつはみんなと同じことをすることで安心している、というパラドクスがあるわけですね。だから今こそ、個性教育がもっと大切になってくると思うのです。

ですから大人は、本当の個性とは何か、神様からいただいた〝かけがえのない自分自身を生きる〟とはどういうことなのか……ということを、子供に考えさせることこそ大切なのです。そのためには、まず親であるあなたが、かけがえのない自分であることを自覚し、生活しなければなりません。親が手本を示すことです。

## 言葉の乱れと貧困

さて、この他、子供たちの気になることに「言葉の乱れ」があります。これはもう小学生から大学生まで、昔の人が聞いたらビックリするぐらい、めちゃくちゃに変わってしまったといえるでしょう。

なかでも女の子の会話は、昔の人だったら聞いていられないくらい変わりました。「おい!」や「こら!」などは当たり前で、「てめえ、うるせえな!」なんてのも耳にします。どこかの威勢のいい「おやじ言葉」に近いですね。

言葉づかいがきたなくなっているだけじゃありません。ボキャブラリーが非常に貧弱になってきているようです。何にでも「超(チョー)」をつけますね。

「あいつ、チョーいやだよ」

という感じです。圧縮言葉も多いですね。先日、大学のキャンパスを歩いていると、ある男子学生が、

「おまえ、今日はチャリで来たんか」

なんて言っています。「チャリとは何のことかな?」と思っていたら、自転車のことだというのです。そしてその自転車を数えるときに「一個」「二個」と数えています。わたしは、彼らのそばに近づいていって、

「ボクの孫は三歳だけど、自転車を数えるとき、一台、二台、三台というふうに数えるんだが、君たちは大学へはいると、一個、二個、三個と数えても、悪びれずニコニコとしているからいいなあ」

と声をかけました。彼らもわかっているのでしょう。「すみません」と頭を下げていました。そこには、一〇人ぐらい生徒がいたのですが、そのうちの一人が、

「面接のときにおった先公やないか」

と、ささやいています。その一〇人の中に、頭を真っ赤に染めた学生がいたので、それをしげしげと眺めていると、

「明日はちゃんと散髪してきます」

と言いました。間接的でもいいです。気づいた親や教師、あるいは近所の大人が、何気なく注意をしてあげることが、やはり子供にとって大きいのではないでしょうか。

## ナイフをもつ子の心理

最近はナイフをもち歩く中高生が増えています。「何のためにもつのか?」と問いかけると、「護身のため」と答える生徒が圧倒的に多いそうです。

ところが、学校でナイフを人に見せびらかしたり、ときにふり回したりする生徒が、こ

このところふえはじめ、ついには、教師を殺害する生徒も出てきましたから、子供にナイフを「もたせるな、売るな」という声が高まってきました。

子供たちからナイフを取り上げれば、事件の発生を防げるだろうという考えからですが、禁止によって「ことなき」を得たら「それでよし」とするならば、大人側の対応としてはまだ不十分だと思います。

男の子には、刀や鉄砲に対する一種のあこがれがあります。昔の子供たちは、チャンバラごっこをしながら成長していきました。今の子供たちは、あまりチャンバラはしなくなりましたが、それでも、武器に対する根源的なあこがれはあるものです。

だから、中高生たちにナイフをもつなと禁止しても、根本的な解決にはならないでしょう。それよりも、自分の心を抑制する力を培っていけるように促すことこそが、大事なのではないでしょうか。わたしはむしろ「お前、いいナイフをもっているなあ」と声をかけます。

いつぞや生長の家総裁・谷口清超先生のこんなご文章に出会いました。

「昔の武士は、刀をさびさせないように、いつも磨いておいたが、これはあくまで身を守るためだけに使ったのである。人を殺害するために使ったのではない。これが刀の自由を尊重することになるのである」

今こそ「武士道の精神」を子供たちに伝えるべきなのではないでしょうか。

## 教育荒廃の背後にある思想

子供の問題は、子供個人の問題ではなく、親の問題なのです。このことを、生長の家の創始者・谷口雅春先生は一貫して説いてこられました。大人の意識が変わったとき、どんな子供でも変わるということは「生長の家の教育」が実証してきたことです。

と同時に、子供は「時代の鑑」といえます。子供は時代の雰囲気をもっとも敏感に察知し吸収していきます。ですから、子供を見れば、その時代が見えてきますし、当然、未来も見えてくるといえるでしょう。

ここ数年の子供をめぐる問題は、わたしたちに、現代という時代そのものを真摯《しんし》に問い直すことを要求しているように思えてなりません。つまり、現在の教育を支えている思想そのものを問い直しているのではないでしょうか。その思想とは何でしょうか——。

それは、人権・平等といった考えを前面に打ち出した「戦後民主主義」の考えです。「人権」「平等」といった言葉は、戦後一貫してお題目のように唱えられ、長い間、誰もそれに異を唱えることができませんでした。異を唱えようものなら、時代に逆行した人間だというレッテルを貼られるような風潮がありました。

しかし、ここに来て、現在の教育状況を真剣に考えようとする評論家の中から、戦後民主主義をもう一度、問い直すべきだという指摘が、少しずつふえてきました。

わたし自身、戦前の教育を受けました。そしてまさに成人したときに戦争が終結し、戦後の新制中学ではじめて教壇に立ちました。わたしの教員生活は、戦後とともにはじまったわけです。そうして、戦前の思想の否定から出発した戦後民主主義を信奉し、日教組の最前線に立って、赤旗をふっていた時期がしばらくありました。

やがて、谷口雅春先生の創始された生長の家や「生命の教育」の思想にふれました。そして組合の信奉する「唯物思想」では、教育をよくすることができない。よくするどころか悪くなると実感して、新教育者連盟の運動に参加し、邁進《まいしん》するという一八〇度の転向をとげたのです。

## 「赤旗」をふっていたころ

敗戦はわたしにとって、大きなショックでした。

「不滅」と信じていた神国・日本が、戦争に負けてしまったことも衝撃でしたが、終戦後、次から次へと発表された「日本はいかに愚かなことをしたのか」という報道に頭の中は混乱し、信じてきたものがガタガタと崩れ去るような衝撃を受けたのです。

ずいぶん後になって、それらの報道は占領軍が行った日本弱体化政策の一環だったことを知りましたが、いずれにしても当時は、徹底した占領軍による検閲がなされていましたので、異を唱えるような情報を流すことなど許されなかった時代です。ですから、一般市民としては、それを真実として信じ込むのは致し方ないことでした。

しかし当時からそのことを見抜いていた人物がいました。谷口雅春先生です。谷口先生は、占領下における日本の伝統文化の否定がもっとも盛んだったころ、軍国・日本は滅んだけれども、神州・日本は不滅であると力説されていました。

しかし当時のわたし自身はというと、占領軍にすっかり洗脳されて、天皇陛下も「君が代」も軍国・日本の象徴であるという考えでした。

昭和二十三年、わたしが教師になったときというのは、日教組ができて二年目だったのですが、使命感に燃えた組合員に、さっそくわたしも感化を受けました。彼らは新任の挨拶に〝軍服〟を着て行ったわたしに対して、

「お前は戦争をしていたのか？」

といって、こっぴどくやりこめられました。それでとうとう、

「わたしのような人間がいたから、日本は戦争になったのだ」

という反省をするようになり、わたしはついに日教組の青年部に入って、活動をするよ

うになりました。熱心な活動の甲斐あって、昭和二十六年にわたしは青年部長に任命されました。こうしてわたしは、校長を問いつめる役割を担い、教育実践と組合活動の一元化などと称して、授業中に共産主義の思想教育を行ったりしました。当時のわたしは、共産党の思想でないと、世の中はよくならないと思い込んでいました。その意味では、理想に燃え、使命感に燃えていたのです。

## 日教組を脱退する

わたしが日教組の青年部長として赤旗をふっていたころ、父が倒れました。急いで見舞いに行ったわたしに、父は「義信、この本を声を出して読んでくれ」と言って、赤い本を手渡してくれました。その本が『生命の實相』だったのです。

それでわたしは、父の頼みだからと、見舞いに行くたびに、『生命の實相』を声を出して読んであげました。そして17巻ぐらいまで読んだあたりから、不思議な感動がわき起こってくるのでした。ある文章の中に、

「親に感謝しえないものは、国家を救うことができない」

と書いてありました。これにはショックでした。自分が小さいころ悪かったのは、親の教育がなっていなかったからだと思っていたからです。だからPTAもしっかりしなけれ

ばならないと思っていました。わたしは帰りの電車の中で、

「お父さんありがとう、お母さんありがとう」

と感謝の言葉を唱えてみました。すると、本当に両親にお礼が言いたくなり、

「お母さん。ありがとう」

と言いました。すると、母がひょっとふり返って、

「え？　お前、もういっぺん言ってみな」

と言いました。しかし改まったら、なかなか言えないものですね。しかし、思い切って心を込めて、大きな声で「お母さんありがとう」と言いました。すると母は、

「よう、そんな気になってくれた……」

と一言だけ言いました。

またわたしは聖経『甘露の法雨』も読むようになりました。これは生長の家では、毎日読誦《どくじゅ》されるお経です。しばらくすると、長年の胃潰瘍が治っていたことに気づきました。それとともに、いろいろな体験をしました。

そして安保騒動が終わってから一年半ぐらいしたころです。わたしは日教組に脱会届を出しました。組合の反発は相当なものでした。あるときは、

「そんなことは、ゆるされないぞ」

といって脅されました。また、当時の委員長からも、考え直せという電報が来たりしました。当時は、教師だったらみんな日教組に入っていました。兵庫県の現職の教師で日教組に入っていない教師というのは、全部で四、五人というような時代でしたから、脱会するには大変な勇気が要《い》ったのです。わたしは、

「教育基本法にも、公務員法にもあるように、わたしは全体への奉仕者の道を選んだのであって、共産党を支援する道を選んだのではありません」

という主張を貫き、みんながストをしている間も、わたしは授業を行いました。お父さん、お母さん方には感謝されましたが、他の教職員からは仲間外れにされたり、いじめのようなものにあったりしました。

しかし、時代はすこしずつ変わってきました。昭和四十年頃から、日教組をやめる教師がふえてきたのです。そのころわたしは、日本教師会という会を兵庫県で旗揚げしました。また当時入っていた新教育者連盟を、もっと広めたいと思って活動しました。

## 日本における人権思想の弊害

近年、学校や家庭で、ちゃんとした「道徳」を教えるのは非常にむずかしくなりました。その背景には、「こういうときは、こうしよう」「こうしなければならない」というように

教え導くことを、子供に対する「強制である」ととらえられ、それは「人権侵害である」といった風潮が横行しているからです。これは戦後の民主主義の悪弊《あくへい》の一つだと思います。とくに最近では、人権という言葉が横行して、「人権だ」と主張しさえすれば、何でもゆるされるといった風潮ができあがってきました。今では、子供に注意しようものなら、「人権を侵すな」「わたしの自由でしょ」とやり返してくる子供までふえてきているそうです。

では、民主主義の総本山であるアメリカやヨーロッパでは、こんな主張がもっとまかり通っているのではないだろうかと想像しますが、じつはとんでもありません。欧米では、人権を主張するけれども、その代わりに、しっかりとした「義務」の行使があるのだよ、ということを子供の頃からきちんと教えています。

では、「人権」とはいったい何でしょうか。法律（人権施策推進法）には、人権とは「人の生命を尊ぶこと」と書かれています。「人の生命を尊ぶ」ことは、わたしたち人間が、社会の中で生きていく上で、もっとも大切なことだと思います。人は誰でも、この世に一個の生命として生きています。そのことは、誰も否定できないし、誰でも、その事実を尊重しなければなりません。人の命は尊いのです。

しかし教師の中には、「子供の権利に関する条約」の一部に、「自由」と「平等」が保証されていると書かれているといって、子供でもなんでも「人権、自由、平等があるんだ」といって、自由奔放の野放し教育を推進して、教育ばかりか、実社会までをも混乱させてきた人たちがいます。

「先生と君たちとは平等だ」などと主張する教師がふえて、教師と生徒との間にあってしかるべき緊張感がなくなっています。

「この世の中には、偉い人も、偉くない人もない。みんな平等である。みんな兄弟だから、上下関係もない。支配する人も、支配される人もいない」

という自由謳歌の概念で、教育課程を卒業し、あるいは大学を卒業して、いざ就職して実社会に入ると、なんと職場やビジネスの現場には、上下関係があったりする。上下関係とか、対等でない関係で、相手とやりとりをしなければならない場面が、仕事の現場には多々あります。そうすると、もうとたんに社会がイヤになる。

するとう、対人関係で悩む社会人が急増するということになるのです。だから、カウンセラーやセラピストが必要になってきますね。昔の人のように、人に何を言われてもヘッチャラさ、というような若者は激減して、ちょっとした言葉にも傷つくようになってきたからです。

## エゴイズムの主張は人権ではない

このようにして、人権をふりかざし過ぎると、教育そのものが成り立たなくなってきてしまいます。人権とは、人として生まれてきたならば、誰もが当然にもっている、人としての権利です。何かの力によってこれが侵されようとするときには、なんとしても守らなければなりません。

しかし、近ごろマスコミや一部の知識人、あるいは子供たちが主張するところの「人権」というのは、戦後の日本の安定社会にあって要求されているところの「特権」であって、こういうのは人権ではありません。こういう言葉の混乱によって、教育界も混乱しているのが現状です。

日本人は、自由や平等というと、誰からも口出しされない、何ものからも制限されない融通無碍《ゆうずうむげ》の特権だと錯覚しているようですが、そんなものはこの世に存在しません。少なくとも海外ではまったく通用しません。それはただのエゴイズムです。

ところで、欧米でいう人権思想は、じつは宗教的な思想によって支えられています。つまり「神の前の平等」という考えです。神の前では、人はみな平等であるという考えは、西欧の思想の根本的な部分を構築しています。こういうふうに設定しないと、人間社会はおさまらない、人間はエゴが強いからだ、というのが西欧の考え方です。

西欧のこういう考え方を、そっくりそのまま日本人に当てはめても、うまくいくとは思いませんが、少なくとも人権教育においては、宗教的な裏づけというものも必要なのではないでしょうか。

というのは、人権思想の根底にあるのは、人の「いのちの尊厳」という問題だからです。人間の「いのち」について深く考え、理解するために、人間社会には、いろいろな学問があるわけですが、原始の時代から、この「いのち」について、深く洞察をし、そして人間は「いかに生きるべきか」の答えを求めてきたのが、やはり宗教ではないでしょうか？仏教しかり、キリスト教しかりです。国によって多少の違いはあれ、人間の生き方を決める考え方の根幹に、その国の宗教観が大きく関わってくるのです。

もっといえば、人間に対する深い理解があってこそ、人権というものは生きてくるものだと思います。わたしがいた学校は仏教系の学校で、浄土真宗に救いの根源があるという考えを根幹にして人権教育を行っていました。もちろん、浄土真宗でなくても何宗でもいいと思います。人の「いのち」の尊厳をどのように考えるか、そういう考察がないところで、人権の議論をしてもはじまりません。

そして、それぞれの人間に対する把握にしたがって、人権の論議も変わってくるのでしょうが、しかしいずれの宗教も、根幹のところでは共通しているものですから、やはり人権思想というのは、普遍的な問題だとわたしは思います。もしキリスト教ならば、人間はみんな「神の子」だと思って、人のいのちの尊厳を捉える教育をすることが、人権教育なのだと思います。

## 本当の人権教育は礼拝の教育

本当の人権教育は「礼拝の教育」だと思います。「いのちの礼拝」です。誰の「いのち」かというと、みんなの「いのち」です。このことは、自分を礼拝し、他人も礼拝するということです。そういう中から、本当の人間尊重の心がはぐくまれていくのです。

わたし自身、学生たちに、次のように語ったものです。

「念仏の生活というのはな、如来《にょらい》の『呼び声』を聞信《もんしん》して、物質の奥にある『真実』を聞いて、『浄土への道』にいそしむことをいうんだ。それを浄土真宗では『同行《どうぎょう》』と呼んでいる。わたしたちがいう『人権』というのは、まさしくこの『同行思想』と同じだと考えるとよいだろう。人間がバラバラにならないことだ。

ヒューマンライト（人権＝human rights）のライトというのは、語尾にsがついているから、正しくはライツというのだが、義務・権利という意味で使っている。sがなかったら

『右』あるいは『正しい』という意味になるんだけど、sがあると、なぜ『義務・権利』になるのかわかるか?

ぼくはね、こう考える。sをつけることで、右を向いたり、左を向いたり、真ん中を向いたり……というように複数の意味がつく。それでいて『正しい』という意味があるだろう。右も左も真ん中も、みんな正しいから、尊重すべき、つまり『尊いのだ』という意味なんじゃないかと思う。これが本当の意味での『ヒューマンライト』なのじゃないかなあ」

笑い話のようですが、わたしは当時、このような説明をして、ヒューマンライト・エデュケーションというのをやっていました。

ちょっとむずかしい話になりますが、「如来の呼び声を聞信する」というのは、何をどうすることなのでしょうか? すべて自分と接する人びとというのは、じつは自分の「鏡役」である、つまり自分と接する人は、自分の心を映す「鏡」であるのです。

もし自分の中の人間観に、どこか偏見があるとします。そうすると、

「おまえ、偏見があるだろう」

と教えてくれる人が現れてきます。そういう人は、じつはありがたい存在なのです。自分の心の中にある偏見や、自分では気づかない心の歪《ゆが》みを教えてくれるからです。

だから、「立ち向かう人は、自分の心の鏡」なのです。そういう意味でも、じつに貴重

な尊い人なのです。如来の呼び声を伝えてくれる人なのです。あなたにとって、だから「悪い人」はいないのです。あなたの目の前にいる人は、礼拝すべき人なのです。

## 生命と平等について

と同時に、生命というのは、存在していること……そのことだけで、尊いのです。なぜなら、宗教的な考えによれば、人は神の子であり、仏の子であるからです。大宇宙の生命が、この地上に顕現《けんげん》して在《あ》るということは、ものすごくすばらしいことなのです。

この「いのち」の尊厳は、宗教ばかりでなく、最近は、自然科学や哲学の分野でも、たくさん述べられるようになりました。すばらしいことです。

このように、まず自分のいのちを、本質的に尊敬することができたなら、それは本当に自分自身が解放されていることだから、どういう人に出会っても、それは尊いことであるのです。人に会うたびに、自分の真実の解放が見えてくるからです。

また、一方「平等」とは、どういうことでしょうか？

平等というのは、自分の「いのち」を完全に発揮することです。このことは、誰に対しても「差異」はありません。男女の平等でいえば、男性は、自然界がつくりだした男性の特長をじゅうぶんに発揮することですし、女性は自然界がつくりだした女性の特長を存分に発揮することです。これが本来の「平等」なのです。

からだの部位でいえば、手は手としての働きを、文句一ついわずに、じゅうぶんに行っていますし、足は足として、目は目として、鼻は鼻として、耳は耳として、口は口として、腸は腸として、背骨は背骨として……それぞれのポジションで、存分に働いていますね。目が「俺にも鼻（の役割）をやらせろ！」と文句を言ったりしませんね。

「何もかも同じにしないと、それは差別だ！」

と言ってしまったら、この世には、個性も特性もありません。職人と、軍人と、役人と、芸人では、それぞれやることが違いますし、だから世の中おもしろいのです。職業に貴賤はありません。これを認識することが平等への第一歩です。

男と女では、生理的にも適性も異なるわけですから、すべて同じ条件で仕事をさせるわけにはいきませんね。もちろん雇用においては、適性に差異がない限り、機会は均等であるべきです。そしてそうしていくうちに、人は自分にとってより適性のある方向を見つけだしていくのです。

「何もかも同じだったら、お風呂なんかも困るだろう？」

などと説明すると、学生たちは「やだあ」といって笑いながら理解してくれます。

## 「国歌・国旗」は嫌いですか？

戦後は、日本の「自己否定」からはじまりました。そしてそれがなに一つ回復されないまま、現在に至っています。このひずみが、子供というちばん敏感に社会を映し出す存在に出てきている感じがします。

一見すると「いい子」やふつうの子が、突然、凶悪な行為をしてしまう社会というのは、その子個人の問題だけでなく、社会そのものに問題があるのです。

その一つに、子供が、自分たちの歴史や、自分たちの先祖とのつながりについて、日常生活の中で正しく教えられ、そのことを実感する機会がなくなってしまったということがあげられるでしょう。子供たちは、自分たちのアイデンティティーが、何であるかわからないのです。「自分とは何であるか」……若者は、誰でもこの問題で悩み苦しむものです。そして自分のルーツやアイデンティティーを探し求めます。

昔は、そのことを教えてくれる人が、身近にたくさんいました。年長者たちでした。学校の先生であり、家や村にいる老人たちです。ところが、今の学校の先生は、このようなことを教えません。まして核家族化が進んだ現代では、家や村の長老たちは姿を消しつつあります。

このように、自分のアイデンティティーがわからないままの状態では、とても自分に「誇り」や「自負」をもてといわれても、もてるわけはありません。自分に誇りがないものですから、人のことなど、うとましく感じられるだけです。

さて、ある人が、今の教育の諸問題は、七十歳以上の人たちの責任だと言いました。なぜなら、彼らは戦争に負けて、そのショックでみんな意気消沈してしまい、みずから「日本人はダメなんだ」というような気持ちに陥ってしまい、教育力も何もかもを喪失してしまい、そのひずみが次代を担う子供たちに表れてきたからだというわけです。

この見解が正しいかどうかは、ここで簡単に片づけるべきではないと思いますが、それほど「敗戦」というのが、日本人を変えてしまったというのは事実のようです。

「教育勅語《ちょくご》」で育った世代は、戦後の「教育基本法」の精神になじめませんでした。そのことがそのまま〝親子の断絶〟につながりました。前述のように、子供が「両親と祖父母の関係」を見ながら育つということがなくなったわけです。

日本は、伝統的に大家族でした。その中で子供はさまざまなことを学びながら一人前に育っていきました。そういう伝統が崩壊し、「先人《せんじん》から学ぶ」という精神そのものが、今の日本にはなくなってしまったのです。

小学校の家庭教育学級で講演をしたときに、

「みなさんは祝祭日に国旗を揚《あ》げますか」

と聞きましたら、たまに揚げると答えたのが二人で、あとの八十二人は、揚げないというより、家に国旗ももっておられませんでした。また、日本の国歌である「君が代」を歌ったこともないという人が、親の世代の大半を占めるといわれています。

わたしは、やはりこれは異常事態だと思うのです。欧米諸国でもアジア諸国でも中東諸国でも、どこの国でも自分の国の国旗や国歌を大切にしますし、次代にその心を伝えていきます。

日教組の影響で、入学式や卒業式で「君が代」を歌わない学校が多くあります。卒業式さえ取りやめる学校もあるほどですから、時代は変わりました。しかしこれでは、やはり日本は、アイデンティティーをもたない「自由人」の天国となり、パワーを失っていくことになりかねません。

文部省は、国旗を揚げ、国歌を歌うように指導していますが、もはや学校の改革を待つ前に、心ある親たちが家庭でそれらをしっかり教育していく必要があります。国際社会に出て、恥ずかしい思いをするのは自分の子たちなのですから。

# 第3章

# 日本の教育のゆくえは？

## 神話の精神に学ぼう

「今の教育の諸問題を、根本的に解決するにはどうしたらいいか？」

と、もし問われたら、わたしは、

「神代の日本に学ぶべきである」

と答えたいと思います。中教審（中央教育審議会）の答申には、「我が国の歴史・文化・伝統に対する理解と愛情……これらを尊重する」とありますが、日本の文化、すなわち日本の心を知るには、『古事記』や『日本書紀』などの神話を学ぶのがいちばんだと思います。

古代の日本人は、森羅万象の「存在」の根源を、「神より発した」ものとしてとらえていました。西欧でも『創世記』の時代はそうでしたが、現代では、事物の根源を物質的に見て、究極的には素粒子が結合してできた世界だと捉えます。この近代科学的なものの見方こそ、西欧的なものの見方の代表であり、古来よりの日本のものの見方とは根本的に違うものです。

日本人の古来よりの言霊《ことだま》の思想によりますと、「存在」とはコト（事）であるといいます。また、神話にでてくる「神」のことを「ミコト」と呼びますが、ミコトとは「御言（みこと)」であるとされます。

「コト」と「ミコト」とは同じです。これを「言事不二《ごんじふじ》」といいます。つまり、言葉とものごとは切り離せない、という意味です。ものごと(物事)は「存在」であり、また「言葉」である。つまり日本人は、存在の根本は「言葉」であるということを直感的に知っていたのです。

## 神話から見た男と女の役割

『古事記』を読むと、古来の日本人は、男は与え、女はそれを喜んで受ける等々……陰陽の二つの働きをもつ男女が、互いにその特性を発揮し合い助け合って、新しいいのちや価値を生み出していくという関係を理想としていたことがわかります。

女性は、日本の文化習慣を築き、守り、子々孫々にそれを伝える役割を果たしてきました。一方、男性は、そういう伝統を、外に向かって「形」としてきました。つまり、伝統をもとに社会体制や歴史を作ってきました。女は、そのままで自然であり、文化であり、伝統でありましたが、男は、それをあえて外につくる者なのです。

しかし男性は、女性の中に、男性にはない、内にあって子を育て、明るい愛に満ちた家庭を創造する「天分がある」と知っていましたから、女性を大事にしてきました。だから

「女が家（宀）にいる」と書いて「安心」といいました。つまり、女性は家の中にいて、しっかり家庭を守っていくことに、その天性があると考えてきました。現在でも、場所によっては、そういう伝統を守っているところがあるようです。

しかし近年は、女性の社会進出が急速に進んできましたから、そういう伝統が保てなくなってきています。男女が「共同して社会を作っていく」というと、いい面もあるのですが、やはり子育てや潤いのある家庭を創るという面が手薄になりがちです。子をもつ若い両親や家族あるいは教育をする者は、このことを肝に銘じて、互いに協力し合って愛情に溢れた暖かい家庭をいかにして築いていくかを常に念頭におかなければなりません。

さて、神話研究によると、男性と女性には、それぞれ次のような特性があるといわれます。

●男性――剛強性《ごうきょう》、積極性、付与性、峻厳性《しゅんげん》

●女性――柔軟性、優美性、受容性、慈愛性

ごらんのように、男性と女性の特性は、みごとに好対称をなしています。世の中、男性のような性質ばかりが発達したら、ぎすぎすしてきて、残忍になっていくでしょう。ですから、女性的な性質が必要です。男性的な要素と女性的な要素が、バランスよく表れてはじめて、世の中が調和していくという自然界の仕組みが、これを見てもおわかりだと思います。

## 男女の秩序と平等

男女の特徴をみると、ある意味では、不平等だといえます。同じでないからです。これは不公平だと考えることもできます。

しかしこれはあくまで自然界の摂理が設定した理念的な「特性」とは何であるのか、ということを考えているのです。実際には、男性的な女性や女性的な男性がいることもあるでしょう。ですから、一概に片づけられないのですが、男と女が同じになることが、果たして平等なのでしょうか。

本当の平等というのは、それぞれの特徴を、完全に発揮することだとわたしは思います。「男に生まれた」ということは、言霊《ことだま》の思想で考えれば、おとこ＝音子（オトコ）です。言葉の響きを「外に向かって出す」という働きがあるといわれます。女もまた「音」ですが「オン」とよび、音名（オンナ）とよびます。音、すなわち「言葉」と「名」ですね。女性は、子供を生むという経験をし、名をつけていきます。名をつけるとは、子供に「これは花というのよ」などと、名＝言葉を教えることを意味します。子供に言葉を教えやすい立場に、女性＝母親はいるのです。

母親は、受胎の時から子供と一緒ですが、男性は少し離れたところにいます。母親から報告を聞いては（女から名づけられたことを聞いて）男性は、子供の世界を学んでいくという役割をもっています。

共通しているのは、音（オトとオン）……両方とも言葉であるということです。原始の世界において、男と女の役割は、イザナギ、イザナミからはじまったといわれています。イザナギとイザナミ。音としては、ナギとナミが異なります。これは神話が伝える直感的な世界なのですが、男は「凪《なぎ》」の役割をするもので、女は「波」の役割をするものだとされています。

「ナギ」というのは平らにする。「ナミ」というのは揺れ動いている。感情が豊かにして起伏があるのです。この「波」と「凪」が調和したとき、宇宙が平穏になるのです。家庭も同じです。男と女が調和すると、家庭の中も調和するのです。

妻が「まあ、今日は暑いわね～」と言うと、夫はナギの役割だから「夏はこんなもんだろう」と言う。天地・自然の環境についても、敏感に反応して、名づけるのが女性であるなら、男性はそれを聞いて、「なるほど、夏だな」というように理性的に応える。気づくのが早いのは女性ですね。いずれにしても、夏になると、

「暑い、暑い！　あー、暑い」

と、つい口をついてこんな言葉が出てきます。人と顔を合わせるたびに、顔をゆがめて

「暑い」を連発している人もいますね。そんな人のそばにいると、それが伝染して、ますます暑くなってしまいます。

こういう場合、あなたならどのように反応するでしょうか？

「ホントにお暑うございますね。もう、焼けないかと心配で、いやですわぁ」

と、共感することも大事ですが、夏というのは、やっぱり暑いのだということを理解し切った上で、つまり観念した上で、もっといえば覚《さと》った上で、

「やっぱり夏だねぇ、日本の夏はこうでなくちゃ」

と反応する人がいてもいいと思うのです。

このように、相手が言っていることを、さりげなくかわしておいて、それがふつうなんだからねと諭《さと》してあげる。ものの考えようです。考えようによって、人生は楽しくなるもんだよと、いうことを教えることもできるのです。そういう教師や大人がいると、子供たちの心も豊かになると思いますね。

夏になったから、ただ「暑い暑い」と言っているだけでは、不満があるだけで、そこから何も生まれませんし、発展もしません。暑いところから何かを感じる、そういう情緒をこそ、元来、日本人はもち合わせていたのだと思います。

## 理性？　情緒？

さて、最近の子供たちがよく口にする言葉に「むかつく」というのがありますね。子供にとっても、世の中、気に入らないことがいっぱいあるのでしょう。何かあるとすぐに「むかつく！」と言って嫌悪感を表明します。

ところが以前は、同じような場合、子供たちは「頭にきた」と言っていました。どう考えても「理不尽だ」という意味なのでしょう。そこには、頭で考えてみたが、どうも「理に合わない」と感じるというように、思考の過程の結果、それは判断されたことであるというようなニュアンスが含まれていました。

ところが、「むかつく」というのは、胸がムカムカするという生理的な反応を表している言葉ですね。つまり、生理的な反応というと、もっとも原始的で単純な反応というふうに思いますが、人間の特性である〝理性＝頭で考えて〟反応するというプロセスがすっかり欠如したリアクションだということができるわけです。

これは、理性の欠如というだけでなく、情緒や感性の欠如でもあります。その「むかつく対象」とどう向き合うか、それと対応する力がまったく育っていないということになるのです。

こうなると、きわめてシンプルなアクションしか選択できませんね。相手が自分よりも強靱であると感じられる場合、「むかつく」という言葉を残して、そこから立ち去るでしょうし、相手が自分よりも弱そうだと感じられる場合は、攻撃に出る……こういう選択しか道は残されていません。だから、現代の子供たちが、そんな言葉しかもち合わせていないのは、悲劇ということができるでしょう。

では、その子の親の世代はどうでしょうか。やはり、「うるさい」とか「静かにしなさい」とか「わからないことは言わないの！」などという、きわめて生理的な反応の言葉しかもっていないのではないでしょうか。

子供たちを非難する前に、自分のなかに同じようなところがなかったか、今一度ふり返ってみる必要がありそうですね。

**父親は「太陽」 母親は「大地」**

父親は太陽で、母親が大地。

夫婦がそれぞれこういう役割を果たすと、家庭は円満でうまくいきます。

太陽は、いつも照っています。ただただ、何も言わずに照っています。

この太陽の恩恵を、ちゃんと子供に理解させるのが、大地である母親の役目です。

「太陽が照ってくれているから、地球上のわたしたち生命は、生きて行けるのよ」

というように、太陽の存在に感謝するように、子供に教えるのが母親の知恵です。

太陽というのは、離れていて価値があるのです。あまり近すぎると暑くてたまりません。もちろんあまりに離れていてもいけません。つまり、父親もこれと同じで、あまり近づきすぎず、ちょっと離れた存在として、家族を見守るのがいいのです。

一方、女性は大地のような役割です。子供を産み育てるという力をもっているのが女性であるわけですから、大地がいろいろな植物を生みだしていくのと同じです。それで子供はその植物なのですから、しっかり大地に「根を張る」という作業（つまり成長）を、母親は見守り、導いてあげるのです。

同時に、太陽である父親は、上からじゅうぶん光を与えて、ときどき雨水を落としたりして、栄養分を補給するのです。もちろん毎日、雨を降らせていては嫌がられるし、また植物をダメにしてしまいます。毎日、照っていても枯れてしまうので困ります。状況に応じて、照ったり曇ったりしているのが、理性ある父親だと思います。

父親は、「けじめ」が必要なときには、子供の前に現れて、びしっと指導しなければならないので、子供とは、ふだんは少し距離を保っておいたほうがいいと思うのです。べったりはいただけません。

だいたい昔の子供は、父親とは遊びませんでした。たまに年に一回ぐらい父親のところに呼ばれることがあると、もうそれは「叱られる」ときでした。そうでないならば、強く説教をされるときです。父親は、権威があって怖かったのです。しかし、それがあったからこそ、「家」というのは成り立っていたのです。

余談ですが、その怖い父親が、深々と頭を下げて「よろしくお願いします」といって頼む相手が、学校の先生だったのです。ですから、学校の先生というのは、昔は、無条件で「偉い存在」だったのです。だから「学校」が成り立っていたのです。

最近は、親が離婚しているというわけでなくても、父親不在の家庭は多くあります。そういうご家庭では、母親が意識して、子供に対して、父親の存在価値を認識させ、高めていってあげる必要があります。また父親の方も、いくら距離を保つといっても、また忙しくても、子供の成長を注意深く見守り、必要なときには積極的にかかわっていくべきです。説教が必要なときもあるでしょう。そういうときに、ぴしゃりと「けじめ」を諭すこともまた父親の役目です。そういう姿を見せることが、子供との信頼の構築につながるのです。

## 父親のいない家庭の場合

最近、離婚をしたので、片親で育ててきたために、教育がうまくいかなかったという相談がふえてきました。こういうケースは、今まであまりなかったご相談でした。

日本の離婚件数は、年々ふえる傾向にあります。平成九年度の離婚件数は、約二十万五千組で、前年度よりも一万八千組もふえているということです。つまり、父親のいない家庭や母親のいない家庭がふえているということなのです。

わたしは、講演に行ったときなどには、必ず質問の用紙を配布しておき、そういうご相談には、極力お答えすることにしています。

先日、大阪で教育講演を行った折のこと。講演中に回収した用紙の一枚に、

「主人とは離婚しました。今、わたし一人で息子を育てているのですが、父親がいないということを、わたしがどう補えばいいのでしょうか。ご指導ください」

という相談が書かれていました。わたしは参加者に向かって、ある人から、右のような質問がきているが、同じことで悩んでいる人がいるのだろうかと思い、

「この方お一人の問題でしたら、後で個人相談というかたちを取りたいと思いますが、もしこの問題について、他にも聞きたい方がいらっしゃいますか？」

というふうに呼びかけますと、三〇〇人ぐらいおられた参加者のほとんどが手を挙げてこられました。これには驚きました。

ここ数年、子供たちが問題行動を起こすのは、「父性の欠落」に原因があるのではない

か、という意見がでてきました。汗水たらして働きながら、女手一つでお子さんを育てておられる母子家庭のお母さんにとっては、やや気になる意見だと思います。

昔はお父さんがおられなくても、子供を立派に育て上げたお母さんがたくさんおられました。父性をもち合わせた、まるで父親のような気丈なお母さんも多かったでしょうが、幸いなことに、以前はどこも大家族で村社会でした。舅《しゅうと》さんや実家の父、ご近所の方々や親戚がそのことを補ってくれていたのです。

しかし、核家族化が進んで、隣近所とのつき合いがあまりない現在では、ひとり親の努力ではなかなか難しいというのが現実です。狭いウサギ小屋のようなマンションの一室で、育児ノイローゼに悩む主婦が急増している昨今です。

さて、前述のご婦人の質問に対して、わたしはまず、父親のことをきちんと子供に話すように申しました。両親が揃っていないとはいえ、お母さんが一人で子供を生んだわけではありません。今はそれぞれの事情でお父さんはいないかもしれないが、離婚してどこか遠くにいらっしゃっても、あるいは亡くなってこの世にいらっしゃらなくとも、お子さんを愛したすばらしいお父さんがいらっしゃるという事実を、ちゃんと子供に伝えてあげることが必要です。

そうすれば「父親がいるという認識」がお子さんの心の中にしっかり刻まれますから、

精神的にも安定してきます。あとはお母さんが自信をもって育ててゆかれることです。

## 笑いの絶えない家庭

笑いのある和やかな家庭に問題児は育たない——これは真理です。

ここ数年、医者や心理学者が、笑いと健康との関係を取り上げるようになりました。笑いが難病のガンさえも吹き飛ばしてくれるとまじめに論じる学者もいます。わたしたちの推奨する「生長の家の教育」を提唱された谷口雅春先生は、なんと戦前から「笑いの効用」を説いてこられました。

しかし、笑いは心身にいいといわれても、じゃあ笑おうと思っても、なかなかそう簡単に笑えるものではありません。町行く人をながめてみても、にこやかな顔で歩いている人など、めったに会うことはありません。通勤電車の中などは、もう喜怒哀楽などの感情など捨ててしまったような顔がぎゅうぎゅうづめになりながら、電車に揺られていますね。日本人は、いつのころからか無表情が当たり前になったようです。

そこで、どうしたら「にこやかな表情」になれるのでしょうか。ある人が、

「『笑い』をカセットテープに入れておいて、それをふだんから流しておけば？」

と言いました。わたしも「それはいいアイディアだ」と思い、早速テープに、自分の笑

い声を「アッハハハ、ワッハハハ」と笑い声を吹き込みました。そしてこのテープを、ことあるごとに流しました。大学に勤めているときも、毎朝、研究室に着くとそれを流していました。すると、教授たちの会議のときに、

「最近、校内で、どこからか笑い声が聞こえてきますが、あれは何ですかねえ？」

といって話題にのぼったこともありました。

笑いは人間の気持ちを解放してくれます。笑い声を聞いていると、なんだか楽しくなってきます。イヤなことがあっても、それに引っかからなくなり、大らかな気持ちを保つことができるのです。

こういうふうにして「笑いの暗記」をしていくと、今度は自分が「笑いを発信する」側になってきます。そしていつしか、家庭に和やかな笑い声があふれるようになったとき、そこはもう天国です。いい子が育たないはずがありません。

**今日からは「さん」づけで**

『生命の實相』の第7巻に、

「家庭は神の子の生活を実現するための道場だという根本的態度がきまることが家庭浄化の基礎である。この基礎がはっきりわかれば、もう家族だからとて、名前を呼びつけにで

きるものではない」(頭注版、二一七頁)

と書かれてあります。

この『生命の實相』にふれるまでのわたしは、教師でありながら、生徒の名前を呼び捨てにしていました。人さまの子でさえ呼び捨てなのですから、家庭においても、当然わが子は呼び捨てでした。妻に対しては「あの」とか「おい」とか呼ぶだけで、名前で呼んだことさえありません。

そんなわたしでしたが、『生命の實相』にふれて、自分自身を敬い、尊重できるようになると、今度は妻や子供に対しても、これまでのような乱暴な呼び方では何となくすまないような気がしてきました。だから、

「そうだ。これまでのような呼び方ではいけない。これからは『さん』づけで呼ぼう」

と決心しました。それでわたしは、用意周到なことに、心の中で繰り返し練習しました。自然な声色で「○○さん」と言えるまで練習をしました。

そしていよいよ決行の日です。まず、長女から敢行しました。

長女は、突然の父親からの「さん」づけによる呼びかけに、

「ん? 今なんて言ったの? あつこさん?」

と言ったきり、啞然とした表情で、わたしの顔をじーっと見ていました。今風にいえば、

「目が点になった」という状態でしょうか。これまでになかったこと、つまり、今までとはまったく違った口調で、しかも「さん」づけにされたものだから、娘が驚いて身構えたのも無理はありませんでした。しかし、それ以来二十数年、長女が結婚し、二児の母となった今でも、わたしは「敦子さん」で通しています。

ところが、妻に対しては、コトはそう容易ではありませんでした。恥ずかしいからです。それで、わたしは風呂場がもっともいい練習場だと思い、風呂場にこもって練習をはじめました。風呂のふたに最敬礼して、

「正子さん、ありがとうございます。わたしは、あなたと結婚して本当によかった。正子さん、ありがとうございます。正子さん……」

というふうに、練習に練習を重ねました。

そして相当、練習を重ねて自信がついてきたある日のこと。「今日こそは言うぞ！」と心に決めました。決心したものの、妻の顔を見るとどうしても言葉が出てきません。あせっていると、妻はそれを察知したのでしょう。なんと大声で、

「義信さん！」

と言ってくれたのです。わたしはこのとき、

「ああ、わたしの妻はすばらしい！」

と実感しました。そう思った瞬間、とうとう「正子さん！」と言えたのでした。

### 「ハイ」の実践

さて、教育とは、子供に宿る「神」「仏」を引き出す作業であると、日頃わたしは思っています。もちろん、子供の本質は「神」「仏」であると、口でいちいち言わなくても、子供の中に宿る本質の部分を尊重して、拝めるようになることが、教育の神髄であろうと思います。

生長の家では、家族同士が、互いに礼拝をし合うようになります。同じように、教師と子供たちも、また互いに拝み合いができるような教育を、わたしたちは目指しているのです。まず、日常生活でやるべきことは、「ハイ」の実践です。「ハイ」とは「拝」ですね、「拝む」ことです。心の底から相手を拝むことです。

そして、そういう心境になると、自然と口から「ハイ！」という言葉が出るようになります。相手から何を言われようと、「ハイ！」と出る。相手を拝んでいるわけですから、素直に「ハイ！」と言えるわけです。

みなさんも、太陽のように明るく、「ハイ」を行じていただきたいものです。

## 学校で教える性教育は、誤った性器教育

近ごろは、小学校のうちから「性教育」が盛んです。しかし実態を調べてみると、それは性教育というよりも、「性器教育」といった方が正しいようです。

最近、人から聞いた話ですが、小学校五年の男の子が、

「お母さん。キンタマというのはね、あれは精子なんだって。男の子のおチンチンが外に出ているのは、精子はいつも冷やしておかないといけないからなんだって。学校の先生がそう言ってたよ」

と言ってきたそうです。加えて、

「卵子は、暖めておかなければいけないので、女の子のお腹のなかに入っているんだって、先生、言ってたよ」

このように、学校で教わったということですね。

さて、生長の家の教育法では、肉体の奥にある「神秘性」を子供たちに語ります。だから、精子と卵子が結合して、受胎をすると子供ができると学校では教えますが、生長の家の教育では、そういうふうには教えません。子供はみんな「神聖受胎」で生まれると教えるのです。

「神聖受胎」というのは、元々キリスト教の言葉で、イエス・キリストのような聖人＝預

言者が、神聖な霊となって、女性のお腹に宿ることをいいます。神聖というくらいだから、右のような、肉体的な交わり（精子と卵子の結合）がなしで、お母さんのお腹に宿るわけです。

しかし、生長の家の教育法では、キリストだけでなく、だれもが「神聖受胎」で生まれてくるのだと教えます。すべての子供は、神聖受胎で生まれてくるから、生まれたその時からして、すでに尊いのです。

**どうやって子供は生まれるの？**

わたしは幼い頃から、

「ボクはどこから生まれてきたんだろう？」

と思っていました。これは難問でした。それで母に聞いてみると、

「お前はね、揖保《いぼ》川に流れていたのを拾ってきたんや」

といった調子で、なんとも無慈悲な答えが返ってくるのでした。

ところがある日、友だちが、

「お前なあ、人間はなあ、母ちゃんのお腹から生まれてくるんやで」

と教えてくれました。そこで母に、そのことを問いつめていくと、母はそのことを否定

しません。それで、どうやらわたしも、母のお腹から生まれてきたらしいことが判明してきたのです。しかしそれでも、どうも解せなかったのです。生まれてくるところを想像しても、どうしてもわからない。母は、

「お腹が割れて、そこから生まれたんだ」

というようなことを言っていましたが、そうそう納得できる答えではなかったんですね。

そこで、同級生の女の子をつかまえて、

「子供が出てくるところを見せてくれ！」

と言って追いかけ回していました。わたしのこのような行動が先生に知れて、通知表には「女の子を追い回すな」と書かれていました。そして「首藤はスケベだ」というレッテルを貼られました。このレッテルは、しばらくついて回りました。

日本の代表的な神話である『古事記』に、

「なりなりて、なりあわざるところ、ひとところあり。なりなりて、なりあまれるところ、ひとところあり」

というくだりがあります。これは男女の身体的な特徴を描写しているシーンですね。「なりあまれるところ」というのは、身体から余分にでている部分ということで、男性自身のことを連想させます。「なりあわざるところ」というのは、身体の表面から足らなく

て凹んでいる部分ということで、女性自身のことを連想させます。

そして「なりあまれるところ」を備えた男性と、「なりあわざるところ」のある女性とが、互いに愛し合い、結合して一つになるというシーンを『古事記』は描写しているわけです。

女性と男性は、その体形において、右のような特徴を備えているのですが、ということは、性格や役割において、女性はいくらか控えめで「受動的」であるのが望ましいのに対して、男性は、外に突出していて「能動的」に働くのが望ましいのではないでしょうか。それぞれの役割を果たしてこそ、世界はうまくいくというわけです。

長女が幼稚園のころの話です。一緒に風呂に入ったときに、

「お父さん、なんでそこ、ぶらさがっとるの」

と聞いてきました。わたしは「わが家の性教育がはじまったな」と思いまして、

「男はな、一カ所あまったところがあるんだよ。これが幸せなんやけどね。反対に、女はね、優しく奥ゆかしいから、男みたいに外に出ていなくて、なかにあるんだよ。見えないようになっているんだ。見えないから『秘めてある』といって、女をヒメといったりもするんだけどね」

と言いました。娘は「ふーん」と納得したような、してないような顔をしましたが、そ

れ以降、まったくそのことは聞かなくなりました。性教育の仕方については、『家庭教育のみちしるべ』（谷口雅春著、新教育者連盟刊）をご覧ください。

### 嵐のような愛情表現を

子供は神からの「授かりもの」です。ですから、何人子供がいようとも、一人ひとりの子供を「かわいい一人っ子」だというような気持ちで育ててもらいたいと思います。

とくに中学に入るまでぐらいは、子供が学校から帰宅したら、息ができないくらいに力強く抱きしめて、

「わたしのかわいい○○ちゃん。お帰りなさい！」

といったような調子で、熱烈な挨拶を交わしたらいいでしょう。

「あなたがいてくれるだけでうれしい！　幸せよ！」

という気持ちを、身体で伝えるとよいでしょう。

まさに「嵐のような愛情表現」を行ってください。

わたしは幸い四人の子供を授かりました。しかしわたしの不注意で、三人目の次女をわずか一歳八カ月で昇天させてしまいました。急性肺炎でした。その次女の昇天に導かれて、わたしの生活は一変しました。

「子供は生きていてくれるだけでいい。今朝もよく起きてくれた。元気な一日を過ごしてくれた。ああ、よかった！」

という思いが、いつもしみじみと感じられてくるのです。その思いを込めて、

「おやすみ！　今日も元気で！　早寝、早起きだぞ」

というように大声で、子供には挨拶をしてきました。

親の愛情表現は、臨機応変でなければなりません。夜中、ひそかに大地を潤して、夜明けとともに消えてゆく夜露のように、さりげなく、しかしながら深い愛情の表現もあるでしょう。また一方、太陽のような、大きく、強く、優しくあたたかい愛情の表現も必要でしょう。しかしときには、台風のように荒々しく見える、峻厳《しゅんげん》なる愛の表現もまたいいでしょう。強く善念を込めた、たくましい愛の表現が必要なときもあるのです。

そうすることによって、子供は「シャン」とした青年に育っていくものです。

子育てがうまくいったか、いかなかったかの分岐点は、子供を、いつ、どこで「シャン」とさせるかにかかっていると思います。谷口雅春先生は、叱るとき、注意をするときには「鉄槌《てっつい》の教育」を提唱されています。

「あなたは神の子です。神の子に○○ができないはずはありません！　あなたなら、必ずできる！」

と、断固として言う場合も必要です。「なろう」より「なれる」という〝声かけ〟が大事なのです。ただし、そのあとで忘れてならないのが「和顔・愛語・讃嘆」の表現です。加えて「感謝の念」を添えることです。

**ある受講者の感想文**

新教育者連盟（新教連）と生命学園（生長の家が開いている日曜学校のようなもの）が主催する「講師養成講座」があるのですが、大阪（阿倍野）、広島、岡山へ、二年間わたしはそこの指導講師として出講させていただきました。

この講座では、いつも年度末には、受講者のみなさんには「感想文」を出していただくことになっています。それで、ここでは、岡山県で行った講座でいただいた、ある受講者の感想文を紹介させていただきます。

たいへんすばらしい感想文で、わたしたちが実践している教育の神髄が、ここには書かれていて、これを読んでいただくことで、読者のみなさまには、より一層、生長の家の教育法をご理解いただけることと思います。

## 中心帰一、「報・連・相」の日常実践

岡山県　幼稚園長　Yさん

一年間、新教連・生命学園講師養成講座で首藤先生にいろいろなことを、教えていただきました。なによりも首藤先生のお人柄と、ユーモアあふれる指導力に引かれて、養成講座を楽しみにするようになりました。

私にとって、心に残り、そして大切なことは、中心帰一の講話でした。

日本国は、天皇さまを中心にし、家庭においてはお父さん、つまり私にとっては主人を中心にして「素直にハイ、にこにこハイ、今すぐハイ、何でもハイ、いつでもハイ、拝のわが家は天国浄土」にしようと思いました。

私は、このように理屈ではわかっていても、今までの習慣で「打てば響く」と言えば聞こえはいいのですが、要するに主人に反発をしていました。

ある日、今日こそはハイを実行しようと決意しました。その日に主人が「金光の植木市が、今日と明日とあるけぇ、明日行こうなぁ」と言います。私は、今日行きたいけれどハイと言えました。

そこまではよかったのですが、時間がたつにつれて、どうしても、今日植木市に行きたくてたまらなくなり、主人が田んぼに行っている間、こっそり行って、また明日主人といっしょに行けばいいと考え、主人に内緒で自動車に乗って、金光の植木市へ行きました。いろいろ見たり買ったりして、いざ帰ろうとしましたら自動車のカギがありません。よく考えていると、カギを自動車の中に入れてロックしてドアーを閉めてしまったのです。仕方なく歩いて金光駅まで行き、電車に乗って鴨方駅まで帰り、そこからタクシーで帰宅しました。

家で予備のカギを探していますと、いつの間にか田んぼから帰った主人が、「あんたの自動車がねぇが、どうしたん?」と聞くので、仕方なく今までのことを話しますと、「あほうが、明日行こうと言うたじゃろうがぁ」と叱られました。でも主人は、自動車で私を植木市まで乗せて行ってくれました。

気を遣い、時間もかかりお金もかかり、おまけに主人に叱られましたが、主人に助けてもらいました。

中心帰一の大切さを、体験させていただきました。この失敗談を、生命学園(註・日曜学校のようなもの)の先生方に話すと大笑いされました。そして、中心帰一のすばらしさを、改めてお互いに理解しあいました。

私は、幼稚園に勤務しています。しかもA幼稚園とB幼稚園を兼務しています。B幼稚園の学区に新興住宅地があり、園児数が多くプレハブの保育室を何年も使っていますが、昨年の夏は例年になく、とても暑く保護者から「冷房装置を取り付けてほしい」という要望があり、さっそく市教委へお願いに行きましたが、「財政が苦しいので、がまんをしてほしい」というようなことを話されました。課長さんが言われるので、中心帰一をしようと、この話はあきらめました。

平成十二年度から幼稚園の卒園式に、市長さんが来て下さることになり、しかもA幼稚園に来て下さいました。式の後、来賓の方々と雑談をしていますと、B幼稚園の話が出ました。私は自然に、プレハブ保育室が暑くいろいろ考えて教育をしているが、保護者から「プレハブ保育室へ冷房装置を付けてほしい」という要望が強いことを話しましたら、市長さんは「冷房装置を付けます」とあっさり言って下さいました。おかげで暑くなる前に冷房装置が、プレハブ保育室に取り付けられることになりました。園長として、ほんとうにありがたく、肩の荷が軽くなりました。

これも中心帰一と、首藤先生が毎日祈って下さっていたお蔭です。

今年度の職員会議で、前年度を反省して、次の二つのことを守ってほしいと、A幼稚園・B幼稚園の職員に同じことを話しました。

その内容は、

1　報告、連絡、相談（教育界ではこれを「ほう・れん・そう」といいます）をしっかりする。

2　中心帰一する。

の二つです。

入学式までの十日間で、B幼稚園は1と2とも守り、職員の人間関係はよく、毎日笑いの連続です。特に昼食後は漫才をしているようで、私はB幼稚園へ行くのが楽しみです。今年、研究会があるのですが、人間関係がいいので成功まちがいありません。

A幼稚園は、ことごとく私に反発をしますので、仕事をするのに時間がかかります。主任教諭は、自分の組の事が出来かねますので、全体の仕事どころではありません。若い先生は、我を丸出しにし、主任がそれについて行く状態です。つまり中心帰一していません。

そこで「私が私がと、我を出していっしょうけんめい教育しても、自分がしんどいだけで子供の成長発達は少ないですよ」と、指導しても心に届かないようです。ますます反発して、まるで反抗期の子供です。

でもA幼稚園の先生も神の子です。いつかきっと気が付いてくれることを信じています。いいや、もう気が付いているけれど、私と同じように、頭では解っていても、心がついていていかないのでしょう。

神様は、私に中心帰一をしないとこうなりますよ、中心帰一するとこうですよ、と両方を見せて下さり、中心帰一の大切さを教えて下さいました。

神様ありがとうございます。これから私は心から中心帰一します。今までの私をお許しください。そして、A幼稚園の先生方を良く見る事の出来ない私を、どうぞ助けて下さい。A幼稚園の先生方の素晴らしい実相を見る私の心が愛の心になりますように、どうぞ神様、私に愛と智慧を与えて下さい。

(中略)

また首藤先生は、「人間は、ひこ(日子)、ひめ(日女)であり神の子である」という、この生命の教育哲学の人間観の確立が、われらの大目標であります。これは「人間は皆神の子完全円満であり悪い子(人)は一人も存在しない」という生命の実相哲学の人間観に立脚していらっしゃいます。

私たちはつい現象を見て、子供たちを「善い子」「悪い子」と区別して対症療法をしてしまいがちですが、「生命の教育」では、実相と現象を明らかに区別して、本来善なるもののみが実在であるという教育観、人生観を以って、人間を観ておられます。

私も本来、善なるもののみが、実在であるという教育観、人生観を以って、園児を教師を保護者をそして地域の人を観て、調和の中で教育をします。このように、私を変えて下さった首藤先生、ありがとうございます。

これからも、新教連講師・生命学園講師養成講座を受講させていただきながら、生命学園では「人間神の子」の自覚を、子供たちと共に深めていきます。

ありがとうございます。

# 第4章

## 「仮の姿」の子供たち

### ――わたしの「教育相談日誌」より――

## 「勉強嫌い」の子は、どうしてできるか

「うちの子は勉強が嫌いで嫌いで。ちっとも机に向かおうとしないんです！」と嘆きまじりでご相談にお見えになるお母さん方がいます。

それで、よくよく話を伺ってみると、たいていは親が子供を「勉強、勉強！」と言って、精神的に縛っているようです。

その精神的な縛りに対する無意識の反抗として、子供は、勉強に対して嫌悪感を覚えたり、机に向かうことを憂鬱《ゆううつ》だと感じたり、勉強をつまらない退屈なものだと感じたりして、勉強部屋から抜け出すことになるようです。

つまり、親の心が子供を勉強部屋に縛っているのです。そうすると、その精神波動が影響して、勉強部屋に入るやいなや、子供は窮屈さを感じ、また憂鬱を感じて、その部屋から飛び出したくなるわけです。

山田徹君（仮名）は、中学時代から勉強がよくできました。いつも学年で一、二番を通してきました。ところが高校に入ってから、徹君はとたんに勉強をしなくなり、毎日友だちの家に行って、夜遅くまで帰ってこないという生活になりました。お母さんは、「徹が、急に自分の手の届かない遠いところへ行ってしまったような気がして」

といって嘆かれるのでした。そうすると、連想はふくらむばかりです。

「どんな友だちと一緒にいるのかしら？」

「悪い遊びを覚えているのではないかしら？」

と、考えれば考えるほど、子供が悪くなっていくように想像してしまいます。そうすると、子供にどう接すればいいのか、わからなくなったというのです。

わたしは、お母さんに次のように申しました。

「子供の〝現象〟の奥底にある〝善さ〟を見い出し、それを引き出し、生かす教育が生長の家の教育ですから、まずは徹君に対する見方を変えてください。これまで、兄弟が少ない（徹君は二人兄弟）から、社会経験がやや不足していたところもあったようですが、たくさんの友だちができるということは、それだけ社会性・社交性が豊かになった証拠ですよ。ですからお母さんは、徹君が友だちに信頼されていることをまず認めて、『あなたがそんなに大切にしてもらっているお友だちに、ぜひ会いたいわ』ぐらいのことを言ってさしあげてください」

そして、見方を変えるために、次のような信念をもってくださいと申しました。
1　あの子は善い子だから友だちが多いのだ。
2　いつか大人になったときの準備として、あの子は今から健全な社交の場を研究し、盛り場の勉強をしているのだ。
3　あの子は、立派な人物だから、あらゆる経験を素早く経るし、卒業も早いのだ。
そして、

「子供は今日、一日を精一杯、強く明るく正しく生きているのだ」

と、毎日、目を閉じて数回は唱えて、

「子供のすること、みんな〝学習〟なのだ」

という信念をもつことを勧めました。

徹君のお母さんは、早速、翌朝からこれらを実行に移されました。まず徹君に、これまでお母さんが間違った考えをもっていたことを謝りました。続いて、

「あなたを大事にしてくれているお友だちにぜひ会いたいわ」

と、やさしくおっしゃったそうです。このときの徹君の喜びようは大変なもので、早速その日の夕方に、友だちを十二、三人も連れてきました。そして飲むや歌うやの大騒ぎが、なんと三日間も続いたそうです。

さすがに三日目には、友だちも三、四名に減ったそうですが、友だちが帰っていった後で、徹君はお母さんに満面の笑顔を見せて、

「お母さん、ありがとう。友だちみんなが、ぼくの家はいい家だってほめてくれたよ。今

日から心を入れ替えて、勉強しようと思う」と言いました。それからは、遊びに出歩くことはピタリとやんだそうです。

〝現象〟は移り変わるものです。それにとらわれていると、本物の教育はできません。「今」まさに子供の生命が伸びようとしている、その「今」をとらえる——そこに教育の神髄があるのです。

## 成績ばかりにとらわれていませんか?

谷口雅春先生は、ご著書である『恋愛・結婚・母性』(新選谷口雅春法話集2、日本教文社刊)の中で、首席になるような子供に奨励してはならない、自分の才能を過信したあまり、狂人になった人があるというようなお話を書かれています。

わたしの教え子の中にも、成績優秀でつねにトップ争いを演じていた生徒がいて、これが高じて自信過剰になっていたが、成績がふるわないようなことがあると、一気にノイローゼになった……というような生徒が、これまで数十人います。

成績で一番を狙うことのみを目標に置いた生き方(生活)がつみ重なると、人を「打ち負かす」という〝争う心〟が、意識のもとになってきますから、テストでいい点が取れなかったりすると、失望・落胆してしまったりします。

しかし教育の本当の値打ちは、子供がその個性を豊かに発揮するように導くところにあるのです。このようなことを、母親教室で勉強していた君原さん(仮名)は、これまでやってきた子供に対する接し方を反省なさり、次の四点を実行されました。

1　朝起きると、すぐに子供に感謝する。

2　朝、子供を寝床から起こすときは、必ず名前に「くん」「さん」「ちゃん」などをつけて語りかける。

3　学校に出かけるとき、玄関で子供の目をジッと見て、どこか「よいところ」をほめてから送り出す。

4　学校へ出かけたあと、すぐに子供の学校、先生、友人をたたえ、感謝する。

さて、この君原さんが、三人のお子さんを一人ひとりていねいに学校に送り出してから、ひとりになって静かに目を閉じて、子供や学校、先生、友だちを祝福するようになって、はや一カ月がたちました。

もともとこれは、いろいろな問題点(不完全と思えるところ)が気になっていた長女のことを思ってはじめたのだそうですが、これにつられるように、保育園に通う二歳の息子さんが変わってきたそうです。

というのも、この息子さんは、それまでは「保育園へ行かない!」といって駄々をこねたり、友だちが来ても隠れてしまったりするような、内向的で人ぎらいの子供だったのですが、それがひとりでちゃんと早起きをするようになり、保育園へも進んで友だちを誘いに行くようになったというのです。

君原さんは、子供さんに、このような立派なところが表れてきたので、もう大喜びです。「親が変われば、子供が変わる」「子供が変われば、親の自信がふえる」というふうに、ますます熱心に、生長の家の教育法を実践されています。

「継続は力なり」といいますが、生長の家の教育法についての確信ができると、喜びがふえ、そして喜びは喜びを呼び、その喜びの言葉が種まきとなって、わずか二歳のお子さんの中に「そのままで円満」の自覚が芽生えはじめたというわけです。

## 子供の成績？　親の成績？

斉藤涼子ちゃん（仮名）は小学校二年生のとき、学校の勉強についていけなくなり、通知表も「オール1」に近い状態になりました。お母さんは、涼子ちゃんの指導に困りはてて相談に見えました。

わたしはお母さんに、一見、当たり前と見えることの中に「ほめること」がたくさんあるということをお話しし、できるだけ涼子ちゃんをほめてたたえることを実行していただくようお願いしました。

それからお母さんには、毎週一回、子供さんやご家族を見つめて、気がついた「いい点」を、はがきでお便りしていただくことにしました。悪く見えることや不完全に見えることを心から消していくために、気づいたいい点を、文字という形に表わすことが必要になるのです。

涼子ちゃんのお母さんの、心を浄化するためのお便りは、それから約二カ月続くことになります。そのお母さんからの最初のお便りはこうでした。

涼子ちゃんが成績通知表をもって帰ってきました。ほとんどの教科が「1（五段階評価）」でしたから、これではどこにも「ほめるところ」がない、と一瞬、思われたそうです。しかし、そんなことでは今までと同じだと思って、お母さんは心を落ちつけて、次のようなことを涼子ちゃんに話しかけたそうです。

「今回の通知表は『1』がたくさん並んでいるけど、1はとてもいい数字よ。あらゆることは1からはじまるからね。だから今が『はじまり』なんだよね。これからぐんぐん上がっていくこと間違いなしね！」

「あなたは神の子だもの。成績だって、これから上がるに決まっているわよ」

というふうに、涼子ちゃんに言ったあとで、お母さんは、

「思えば、これまで、子供の不出来な点ばかりを指摘していたなあ……」

と思ったそうです。そう思うと、なんだかこの子に「悪かった」という思いが、ふつふつとわき上がってきたそうです。

「ああ、子供の成績は、〝親〟であるわたしの成績だ。これからは、『子供の中の善いとのみを見よ』というお知らせを、学校からいただいたのだわ」

と思ったそうです。そうしてあらためて通知表をながめてみると、「2」という教科があったのです。そして「欠席日数」も「0」となっている。お母さんは、涼子ちゃんの頭をなでながら、次のようにほめました。

「まあ、よく『2』が取れたね。えらいね」

「涼子ちゃんは、学校が好きなんだね」

**家族も変わってくる**

小学校に入学して以来、はじめてお母さんからほめられた涼子ちゃんは、目をパチクリさせながらも、嬉しそうに「涼子、もっとがんばる」と言ったそうです。

二回目のお便りによると、お母さんが本格的に、生長の家の教育法を実行に移されたということが伝わってきました。というのも、

「朝は、必ず玄関の外まで出て、子供の姿が見えなくなるまで見送っています。心の中では、担任の先生とわが子が仲よく調和していて、友だちにも好かれ、学習にも積極的に取り組んでいる様子をイメージしています」

と書かれてあったからです。

さて、三回目のお便りからは、お母さんの「喜び」が伝わってきました。その文面には、涼子ちゃんだけではなく、ご家族の一人一人が変わってきたということが伝わってきたのです。

涼子ちゃんのお母さんは、ご主人や子供たちが、学校や会社に出かける前に、その靴やカバンや洋服を手でなでながら、

「あなたたちのおかげで、主人や子供たちが、より健康でいられ、安全に守られて、喜んで仕事をしたり、勉強をすることができるのです。ありがとう」

と言って感謝されたのです。こうなると、子供はテストでいい点をとってくるし、ご主人はやさしくなったばかりでなく、収入までふえてきたというのです。

そして舅《しゅうと》さんに対しては、蒲団を敷くときに、

「これでお休みになると、疲れもとれて、ぐっすり眠れますから、お舅《とう》さんはよりすばらしいお舅さんになってくれます」

と、心の中で繰り返し言ったそうです。すると、ときどき駄々をこねたり、短気を起こしたりして、自分につらく当たっていた舅さんが、やさしい言葉をかけてくれるようになり、家族にも思いやりのある態度をとられるようになったというのです。

生長の家の教育を実行され、その「勘どころ」をつかまれると、子供だけでなく、家族全体が明るく、健康になってくるのです。

涼子ちゃんはその後、すべての教科で「3」以上の成績をとるような、親思いのいいお子さんになっていきました。

## 信じて気長に待つ

田辺泰宏君（仮名）は、中学三年の五月まで、誰とも口を聞かずに学校生活を送ってきました。幼稚園のとき以来、泰宏君と話をしているのを聞いたことのある友人は、ただの一人もいませんでした。

もちろんその間、親も先生たちも、なんとかしゃべらせようと、叱ったりなだめたり努力してきたのですが、いっこうに反応がありませんでした。小学校五年のとき、担任の先生が、彼にこう言い渡しました。

「一日に一言でもいいから、何か言葉をしゃべったら、給食を食べさせるから」

というように先生は、アメとムチではないですが、なかば強制的に泰宏君を指導しました。その結果、泰宏君は、「ハイ」と小声でいうような簡単な返事と、「あ」というような、それこそ簡単な発声ぐらいは、口から出るようになったそうです。

ところが、六年生になると、泰宏君はまた元に戻ってしまったそうです。とはいえ、家の中では、最小限の会話はできるようになっていたそうです。

その彼が中学二年生のとき、わたしは彼に英語を教えることになりました。泰宏君のことを聞いたわたしは、

「泰宏君は神の子・完全円満。なんでもできる。必ずできる。英語の指導を通して、個性と能力が伸びること間違いなし」

というような言葉を、毎朝小さな声で繰り返し唱えました。そして、彼がみんなと仲良くしている姿、クラスの授業でも堂々と手をあげて発表している姿のみを心に描きながら、

「泰宏君の神性・仏性があらわれる、あらわれる。もっとも適当な時期に、彼の無限力は発揮されるのである。すでに完全に力が出ている……。ありがとうございます」

というふうに一年間、祈り続けました。

その間、お母さんとも話をしました。授業中に彼に当てて、何か話すのをジッと待ったりもしました。ほかの先生方と話し合ったりもしました。ともかく、いろいろな試みをし

ながら、泰宏君の成長をみんなで見守るように働きかけました。

わたしの担当の英語の時間には、彼には、新しい単語を黒板に書かせたりして、活動の場を作りました。また、彼はできれば「進学したい」という意向を示していたので、「田辺（泰宏）君はきっと合格するぞ。文字はきれいだし、製図や数学の図形なども得意みたいだから、高校の建築科などはいいんじゃないかな」と、会うたびに語りかけました。そう言うと、泰宏君は、じつに明るい笑顔でニコッと応えるのでした。

ある日のこと、泰宏君が、同級生の二人につれられて、職員室にやってきました。すると同級生に先導された彼は、自分の名字を「タ」「ナ」「べ」と言ったのです。わたしはもう嬉しくて、彼の手をギューッと握りしめ、肩をたたいて、

「よかった、よかった！　君にはやはり力があった！　これから、君はあらゆる点でぐんぐん力が出るよ」

と励ましました。あとでこの同級生に聞いてみると、彼らは泰宏君に何かしゃべるように（言葉を口に出すように）熱心に語りかけたそうです。そうこうしているうちに、「自分の名前を言ってみたら？」と言って促したそうです。そしてこの同級生が、

「まず、ボクがやってみるから、あとに続いてやってみて」

と促すと、友だちに続いて、泰宏君は「ヤ」「ス」「ヒ」「ロ」と、はじめて言ってくれたそうです。それが嬉しくて、職員室に報告をしにきたということでした。わたしは、この二人と、彼を見守ってくれた生徒みんなに心から感謝しました。

翌日、泰宏君は、「おはよう」と言って登校してきました。それからしばらくして、なんと彼は学級会で〝司会〟をみずから引き受けました。やがて英文もスラスラと明快に読むようになりました。

新教育者連盟で実践している「七つの母の祈り」の中に、次のような言葉があります。

●どの子の個性も尊重し、この世に生まれた使命を生かします。
●問題の子供は心の病気、実は優秀児の仮のすがたと、観かたを一転します。
●いつもニコニコやさしいコトバ、認めてほめて、たたえます。
●花咲くことを疑わず、信じて気ながに育てます。

「花咲くことを疑わず」……この信念が神性を引き出すのです。たとえ花咲く時期が遅れても、きっと個性豊かな花を咲かせてくれます。

泰宏君は、その後ますます頭角を現し、優秀児となり、友だちからの信頼のあつい子になりました。ここでは詳細は記しませんが、彼のこの劇的な変化の陰には、両親の慟哭《どうこく》に近い反省の涙もありました。先生や友だちの励ましももちろんありました。そしてやはり「言葉の力」「祈りの力」が彼の魂に火を点じたのです。こうして彼は「問題児なし」を実証してくれたのです。

### 教育は「今日育」

わたしたちは、ややもすると日頃、子供の現象面にとらわれ、子供が何か問題を起こしたときは、その原因になったことがらや心理的背景の分析に熱心になりがちです。ところが、教育というのは結果ではありません。原因をいくら分析しても、何も解決策は生まれません。教育とは、問題解決のための方向を見いだし、それを子供に示すことであります。では、具体的にわたしたちは、何をすればよいのでしょうか?

それはまず、無条件にわたしたちを生かしている「いのち」を礼拝することからはじめなければなりません。それも、「明日からやろう」ではなく、「今日・今」からやるのです。教育というのは、「今」太陽のように明るく、情熱を込めて「行」(いく)つまり、行い、行じることなのです。まさに教育は「今日育」です。

不可思議な、目には見えない「生きる力」を礼拝して生きていく。これは、宇宙や大自然を生かし、運行させている「大いなるもの」に対して、畏怖と尊敬の念を抱くことと似ています。

このような姿勢は、人の心に、非常に強いものを築きます。信念、ゆるぎない精神、確信、強い動機など、人間を突き動かして、行動を起こさせるところの、非常に力強い原動力になります。

大いなる「いのち」を礼拝して生きることを宣言し、これを実行していくと、周囲の環境をはじめ、すべてのことがらが整ってくるようです。しかも、世間の体裁にとらわれ、親の尺度で、子供に「○○でなければならない」という調子で接していると、子供のことだけでなく、やがて自分のことさえも窮屈になってきます。力こぶを入れ過ぎる教育になってきます。こうなると、子供はそういう親の思いを、親の言葉や雰囲気から敏感に感じ取り、窮屈に感じ、そこから抜け出ようとするようになるのです。

## 子供の欠点

「生長の家の教育」をお知りになって十数年という谷本さん（仮名）が、こんな話をされました。

「わたしは、勉強や性格上のことで、子供に不平や不満をもったことは一度もありません。子供のことを、いつも神様からいただいた宝物のように思ってきました。おかげで長男も次男も、天与の知性や判断力を存分に発揮してくれます。そして、お父さんがすることに間違いはないと、いつも子供に話してきましたから、今では主人を大変尊敬できる子に育ってくれました」

すばらしいお母さんですね。ところが、こんなにすばらしい方ですが、娘さんに対して、ただ一つ気にくわない点がありました。それは、娘さんの癖でした。娘さんには、夜遅くまで電気をつけっぱなしにする癖があったのです。

谷本さんは、いつも「もったいないわねえ」と言いながら、部屋に入って電気を消していました。しかし、二年経っても、三年経っても、いっこうに娘さんのその癖は改まりません。

谷本さんが、娘さんの電気を気にしはじめたのは、少しでももの（エネルギー）を大切にしたいという気持ちからでした。それで、「娘には、それがわからないのか」というような、がっかりした気持ちでいっぱいでした。

しかし、谷本さんの心に、パッと明るい灯がともる日が来ました。谷本さんは、こう考えるようになったのです。

「〈闇には光をもって相対せよ〉というではないか。あの子は神の子、いつも家を明るくしてくれているのだ。だからわたしは、もっとほかのことで無駄をしていたのではないだろうか。わたしが、いつも欠点を心に描いて、電気を消しに行ったりするから、よけいに娘がそのようになっていたのだわ」

谷本さんがこのように気づいたところ、なんとその夜から娘さんが電気を消すようになりました。あれほどイヤだった癖がピタリとやんだというのです。谷本さんは、

「やはり子は、親の魂を向上させてくれる〝観世音菩薩《かんぜおんぼさつ》〟なんですね」

と、しみじみとおっしゃいました。

### 集団にうちとけない子

小学校三年生の信子ちゃん(仮名)が、ある日、お母さんと二人でわたしの家に相談に来られました。家に上がった信子ちゃんは、ジロッとわたしを射るようににらみつけました。わたしがお母さんと話をしている間、そわそわと落ち着かない様子でした。

お母さんの相談はこうでした。信子ちゃんは、学校ではいつもひとりぼっちで、担任の先生の話だと、クラスで孤立していて、団体生活に全くとけ込めないというのです。ひとりぼっちで自分のカラの中に閉じこもっているのかというと、そうではなく、元気すぎて手に負えない、人の言うことをまったく聞かない子だというのです。嫌いな授業のときは外へ出ていってしまうようです。親も教師も、ほとほと困ってしまっているということで

した。

お母さんの話を聞いている間、信子ちゃんはどこかへ行ってしまったのですが、話が終わる頃、ひょっこり帰ってきました。見ると、その手にきれいな花をもっています。

わたしは、そんな信子ちゃんに、

「信子ちゃんはやさしい子だね。花を愛する人はいい子だ。花は神様のいのちのあらわれだからね。信子ちゃんはすばらしい人になる。理科も好きになる。将来、お花の先生になるといいね」

と言いました。ところが信子ちゃんは、わたしの言うひと言ひと言に、「いいえ、やさしくないもん」「花なんか嫌いや」「うち、悪い子や」「理科なんて嫌いや」と反論してきました。

わたしが、こういう彼女の言葉を、一つ一つ「そうか、そうか」とうなずきながら聞いていると、なんと彼女は、机に置いてあった紙で、その花の茎をそっと包んでいるのです。夢中になって遊んでいるようです。

それから、お母さんに、子供の「善さ」を観て、ほめて、たたえることの大切さをお話ししましたが、その間中も信子ちゃんは夢中になって遊んでいました。それで、

「信子ちゃんは、やりだすと熱中できる性格なんだね。最近は、ものごとに集中できない

人がほとんどなのに、それはすばらしい性格だね」

と言って頭をなでました。そして最後にお母さんには、

「結局、教育というのは『喜びの発見』であり、『喜びの表現』なんですね」

と申し上げ、一日に一回は、担任の先生に感謝すること。子供が友だちと仲良くしていて、学習にも熱中している姿を心に描くこと。そして朝起きてから寝るまで、というより子供の寝姿にまで、元気な「善い子」を見つけて、ほめること。これらのことをお願いしました。

その後一年たって、四年生になった信子ちゃんは、どうなったでしょうか。彼女は、教室では落ち着いていて、体育などでは、先頭になってやっている……という喜びの声がお母さんから届けられました。親が信じた度合いに応じて、子供は変わるものだと、あらためて教えられたのでした。

## ものごとに集中できない子

教育相談には、子供がイライラして落ち着かず、勉強もあまりしないというご相談が多く寄せられます。親としては、「よく言って聞かせるのですが……」というところでしょう。

そんな子供をよく観察してみると、アイディアは次々と出てくるのに、ものごとを思ったようにてきぱきと処理できない。そんなとき、自分の能力はこれぐらいではないと思っているのでイライラするようです。しかしこういうときは、

「この子は頭がよい子だ。なんでもてきぱきとできる子だし、しかも自分にまだ力があると信じている子だ」

と信じるようにすると、子供は本来のいい面をちゃんと表してくれます。

また、勉強に「集中できない」と思われるような子供も、食事、テレビ、遊びなど、「好きなこと」に熱中している姿を目にしますね。

現代っ子がテレビ・ゲーム（ファミコン）に熱中しているのを見ると、その集中力に驚かされますね。

「ゲームや遊びに熱中できるすばらしい子」

「ぐっすり眠る子」

「夢中になって食べている子」

よくよく観察していると、子供はいろんなことに集中しています。子供の集中しているところを見つけたら、お父さん、お母さん、もうだいじょうぶです。きっと、

「なんとまあ、いいところの多い子だろうか」

と必ず気づきます。これで生長の家の教育は、もう成功しているのも同然です。

心の目で、子供の「善さ」を見続ける努力をされた親御さんは、二、三カ月もたってお会いしますと、十人が十人とも、

「おかげさまで、子供が落ち着いて集中できるようになりました」

と言ってこられます。みなさんにお話を聞いてみると、だいたい次のようにおっしゃいます。

●親の心にゆとりができた
●子供のすることが気にならなくなった
●「子供は神様が育てる」とわかった
●「子供は絶対価値の存在である」とわかった
●「わたしが変われば子供が変わる」ということがわかった

**学校を休み、口を聞かない子**

中学二年生の学君（仮名）は、週に二、三回は学校を休んでいました。からだの調子でも悪いのかと思っていましたが、家では、日曜日や休日には、朝からはしゃいで歌を歌ったりして、じつにイキイキとしているそうです。しかし、平日は、終始むっつりと黙って

いて、両親にもあまり話しかけないということでした。

担任の先生は、お母さんがきっと神経質なまでに学君をガミガミと叱っているからだと思って、お母さんに、

「お子さんは、学校では明るい方ですし、友だちや担任の教師ともうまくやっていますよ。ですからお母さんは、家庭では学君をあまり縛らないようにして、たとえ学校を休んでも、気にかけないでいてください」

と話したそうです。そうはいっても、お母さんは心配で、やはり毎日叱ったり、小言を言ったりしていたそうです。

そうこうしているうち、とうとうお母さんは、わが子は、精神か肉体のどこかに欠陥があるのではないだろうかと思いはじめました。それである医師のところに、相談に行かれたようです。すると、その医師から、

「子供の相談なら、首藤先生にするといいですよ」

と紹介されて、わが家にお越しになられたというわけです。

お母さんの話を聞くと、三人いる男の子のいずれもが、強情でぶっきらぼうだそうです。なかでもとくに三男の学君には手こずっているということでした。また、この家庭では、ほとんど団欒《だんらん》をするということはないということでした。

わたしはお母さんに申しました。

「地球上の、約六十億人の中から、たった一人選ばれて、妻となり母となったはずの奥さんが、ご主人に対して、あまり素直でなく、むしろ強情で、ご主人の一言に、六倍も七倍にもして言い返されたりなさると、それを見ている子供は、自分の親を軽蔑したり、憎んだりしているというような例がじつに多いのです。今日からは、何があってもご主人に素直に『ハイ』と言いましょう。これは生活で示す教育ですよ」

こう申しますと、お母さんは、

「確かに、わたしはそんなに素直ではありません。しかし、何ごとにも『ハイ、ハイ』と素直に従っていたら、主人は何をやり出すか知れたものではありません！」

とおっしゃられるのでした。だからわたしは、

「ご主人のいいところを、探し出してでも、ほめるようにしてください」

と申しました。そして、ご主人への接し方を繰り返しお話ししました。それで、お帰りのころには、「努力します」と言ってくださいました。

翌日の月曜日、学君は、三日続けて休んだのち、学校へ登校していったそうです。勉強嫌いだったはずの彼でしたが、この日、英語のテストでなんと八十点を取ったそうです。二年生になってから、十五回目のテストではじめてのことでした。それまで、二十点を二

回とって、あとはすべて〇点だったそうです。

このようにわずか一日でも、お母さんの心に変化が見られると、まさに「以心伝心」で、子供に伝わるのです。まさにこれこそ生長の家の教育たるゆえんです。

明るく、楽しく、のびのびとした家庭に、優良児は育っていくものなのです。

## 会話のない親子

どの子供も、いろんな人に接して揉《も》まれながら、自分を磨き、やがて大人へと成長していきます。

石村さん(仮名)は、夫婦共働きをしているお母さんで、小学校一年生の男の子と就学前の女の子がいます。あるとき石村さんは、母親教室で、

「子供は言語の天才である」

ということを学ばれました。そしてそれまでのご自身の息子さんへの接し方を、たいへん反省されたそうです。なぜでしょうか。

あるとき石村さんは、担任の先生から、息子さんがあまり授業中に発表しない、集合時間にいつも遅れてしまう、どうも話し方が下手で、はきはきしていない……というようなことを指摘されました。

そこで石村さんは、何とかこの欠点を直したいと思って、いつも、

「先生のおっしゃることをよーく聞くのよ！」

「もっとてきぱきやりなさい！」

「はっきりものを言いなさい！」

というように、ガミガミと注意するのが日課となっていたのです。ところが、子供の方はいっこうに直る気配すらなかったのです。朝、起きてから学校に行くまでも、

〈母〉「武志（仮名）！　起きなさい！」〈息子〉「うーん……」

〈母〉「忘れ物ない？」〈息子〉「うん、ない……」

〈母〉「気をつけていくのよ」〈息子〉「……」

というような調子です。このようなやりとりのあと、先生から指摘されたことを注意して、やっと「行ってらっしゃい」と言って送り出す毎日でした。

その武志君が午後になって帰宅すると、家の中には誰もいません。それで仕方なく武志君は五時頃までテレビを見ながら一人遊びをして過ごします。夕方帰宅したお母さんは、武志君に「帰ったわよ」などと、ちょっとだけ声をかけて夕食の準備に取りかかります。

やがてまたいつものように、

「ごはんできたよ、お手伝いして！」

というような号令がはじまります。こうして日が暮れて、家族四人の、「テレビを見ながらの夕食」がはじまるのです。テレビがついているので、夫婦は小さい声で、今日の事件や出来事の話をしています。ときどき子供から「うるさいな」と注意され、食事が終わります。

するとお母さんは台所に直行し、後片づけをします。子供たちはテレビが終わると、黙って部屋に入って読書をします。そのまま眠ることもあるそうです。

テレビの弊害については、ずいぶん前から、いわれてきました。どこの家庭でも問題になっていることなのですが、それにしても、石村さんのお宅は、親子の会話がほとんどないですね。話もつねに、親から子への一方通行です。石村さんのお宅の一日の会話時間を合計しても、約一〇分ほどしかないそうです。これでは、子供にいい影響があるわけないですね。

**豊かな会話が子供を変える**

「母親教室」に通うようになって、この親子の会話の少なさに気づいた石村さんは、まず食卓からテレビを追い出しました。せっかく家族のそろう夕食のひとときです。

せめてこの貴重な時間帯だけでも、二人の子供の話に耳を傾け、子供が訴えることをじっくりと聞き、話に相づちを打ったりしながら、楽しい食卓の雰囲気をつくる努力をなさいました。

すると、それまで全く話し下手だと思っていた武志君が、堰《せき》を切ったように話し出したのです。それはもういろいろなことを、自分の感想も交えながら、武志君は、しゃべるのでした。これまで「うん」とも「すん」ともいわない、はっきりしない、グズな性格だと思っていた息子が、この食卓でＤＪのようによくしゃべっているのです。

「子供は言語の天才だ、というのは本当だった」

と石村さんは実感したのです。まさに「打てば響く」のが子供なのです。

石村さんの「団欒《だんらん》改革」の後、半年も過ぎると、武志君の学習態度にも変化が見えてきました。そして三年生になった今では、見違えるほど積極的な男の子に変身してしまったそうです。

## 口やかましい母親？

鍵山さん（仮名）は、母親教室で勉強をしはじめて約二カ月のお母さんです。長男が「頼りない」というのが原因で、母親教室にこられました。

どういうふうに頼りないかというと、友だちによくいじめられるのだそうです。そして

「あだ名」で呼ばれてメソメソ泣いて帰ってくるのだそうです。その上、落ち着きがない性格だというのです。

鍵山さんは、子供の欠点がつい目について仕方がなく、ときに子供が憎らしくなることさえあるという状態が、長く続いていたそうです。ところがある日、その長男が、

「最近、お母さんがキャンキャンいわなくなったので、気が散らなくなったし、イライラしなくてすむようになった」

と言ったというのです。いったいどうしてこうなったのでしょうか。

『生命の實相』には、

「植物の種と等しく、人間の事業の発芽にも時間を要する。急ぐな」

というように説かれています。鍵山さんは、今までは世間体や格好を強く気にしていました。なんとか他人にひけをとらない子に育てなければ……と焦っていたため、心を乱しすぎていたことに、自分自身気づいたのです。

「子供の長い人生において、失敗しても、ソンをしても、それは大したことではないのだ。そのようなことで、心を乱していたわたしが馬鹿だった。子供に対して申し訳なかった。『言う』方は一つの口で言うだけですむけれども、『聞く』方は二つの耳で、とげとげしい不快な思いに満ちた言葉を聞かなければならないから。そればかりか、わたしの険しい目

つき、表情・態度までが、子供をいたたまれない気持ちに追い込んでいたのだ。ああ、子供につらい思いをさせて、悪かった」

と、鍵山さんは深く懺悔《ざんげ》をなさったのです。

現象的には、いろいろ失敗もしたり、試験の成績もパッとしなかったりするけれど、そのままで、完全で優秀な頼もしいわが子がここにいるではないか、というふうに見方を一転されたわけです。

## そのままで完全、あせることはない

たとえば、下痢や嘔吐をしたとき、「ああ、病気だ」と思ってしまいがちですが、じつは病気というのは、その前からあるわけです。そこで下痢や嘔吐などの自然治癒力が働きはじめるのです。これは「大生命の働き」です。もっといえば、大生命の「病気を治そう」とする働きです。

ですから、一見、悪いことのように思えることは、それが〝現象化〟した時点では、もう大生命が働きだしていることを意味するのです。ではなぜ、自然に大生命が働いて病気を治そうとするのかというと、わたしたちの中にその大生命があるからです。

だから、わたしたちは存在として、つねに完全に〝健康〟なのです。これと同じことが、子供にもいえます。物覚えが悪かったり、頼りなかったりすることも、じつは、その子がもっている「大生命が働いている」証拠なのです。だから、そのままで子供は完全な生命であり、またそのままで神の子（天才）なのです。

ですから、そんなにあせらなくてもよいのです。まず親は、あせる心を捨て、子供に対する執着の心を捨て、このことも、あのことも、天才が現れようとするきっかけなんだという大安心の境地になることが大切です。そうすれば、子供はそう認めた通りに天才を発揮しはじめます。

こうして鍵山さんも、自分自身の〝ガミガミ〟や〝キャンキャン〟をやめたのです。その結果、子供が落ち着いてきて、英語の成績もぐんと伸びたのだそうです。

さて、この〝キャンキャン〟の「キャン」というのは、言霊学的には「キャム」であり、それは「気病む」です。「気が病む」とは病気のことです。

しかし、心配や気苦労が消えることによって、つまり、家族への無駄な気遣いがなくなることによって、子供は伸び伸びとしてきます。自然と会話や行動にもゆとりが出てきますから、学課の成績も自然と向上せざるをえなくなるというわけです。

## 愛情表現の天才

『生命の實相』第40巻〈頭注版〉にはこう書かれています。

「どなたでも子供を憎むという人はないのですが、子供を愛している表現が少ない時には本当に愛してくれていないのだという親に対する恨みがましい気持が出てくるものであります。こういう大きな大人でも、奥さまからちょっと優しく言ってくれると嬉しいのです。いわんや子供というものは親に愛されるということが、もう一番の楽しみなのです。親に愛されている子供は、親のためなら、親の喜ぶことなら、たとい火の中水の中に入ってでも、命を捨てても厭《いと》わぬという感激をもつものです。そういう親をもつ子は親に喜ばれるためにいくらでも善いことをいたします。

〈中略〉心の中に愛があっても、顔でしかめ面していると『どうもうちのお父さんはこわい』とか『お母さんは叱ってばかりいる』とか思うようになるのです。これに反して言葉でも、形でも愛してやるというようにいたしますと、必ず子供は親に従順になってきまして、親がこうなってほしいというように必ず子供から進んでそうなってくれるのであります」〈三七～三八頁〉

秋田さん〈仮名〉は、自分の欠点に引っかかっていて、その反動として、子供をよくしようと躍起になって焦っていました。それが、母親教室に通うようになってからは、ずいぶんと明るくなられ、愛情表現が自然にできるようになられました。

あるとき、秋田さんは、これから実践しようと思っている愛情表現を、文字に書いてみてみようと思いつき、次のようなことをなさいました。

●「わが子よありがとう」を丹念に筆で書いて、壁に貼る。

●二人の子供の善いところを書いて、その歌のそばに貼る。

ここにある「わが子よありがとう」というのは、「母親教室」でよく歌われる歌の名前ですが、これは生長の家の愛唱歌の一つで、鹿沼景揚先生の作詞、田中舘貢橘先生の作曲になる名曲です。その歌詞はじつに感動的なものですが、これを秋田さんは、筆で書いて、壁に貼ったわけです。そしてその筆書きの歌詞のそばに、二人のお子さんの善いところを紙に書いたものを貼っておいたわけですね。

そうしたところ、上の子（小二）がそれを大きな声で読み、

「お母さん、ありがとう。僕にこんな善いところがあるの？」

と言って、大喜びしたそうです。すると、三歳になる下の子も、お母さんが口ずさんでいる言葉（「わが子よありがとう」の歌詞）をいつの間にか憶えて、大声で歌うようになってきました。

「言葉には力がある」ということを実感された秋田さんは、次に洗面所に子供の善いところを書いて貼りました。そうすると、たった一カ月ぐらいのうちに、みるみる子供が変わってきたようだといって、喜んで報告をされました。

それからしばらくすると、秋田さんがニコニコ顔をして来られました。今度は、なんと子供たちが、お母さんにはこんなに善いところがあるといって、ほめてくれたというのです……「おいしいお菓子を作りますね」「お母さんは歌の名人だね」「最近、きれいになったよ」「字が上手ですね」……というふうにほめてくれたのです。

すると、これを聞いたご主人も、「僕にもほめさせてもらおうかな」と言って、「煮物の味つけも盛りつけもとってもうまいよ」「字も確かにきれいだね」「ぼくに対する甘え方もいいね」「お金のやりくりも上手」……とほめてくれました。

「一昨年に比べると、雲泥《うんでい》の差です」と顔を赤らめながらおっしゃる秋田さんは、とても幸せそうでした。「有言実行」というのは、確実に効果を現わすものだということを、わたし自身あらためて知らされました。

## 豹変した子

中学一年の正人君（仮名）は、生まれたときから生長の家の教育法を実践する両親に育てられました。ですから、小学校時代から「生命学園」にも参加していました。成績はよく、性格もいい子でした。

ところが、中学に入ると、正人君の成績は急に落ちてきました。そしてその頃から、友人をたたいたり、脅したり、喫茶店に出入りするようになりました。正人君とつき合っている仲間は、小学校時代からの友人でしたが、みんなツッパリのような格好をしはじめました。その表情もなんとなくすさんできて、とうとう二学期の途中には、問題児の傾向を表わしてきました。

ご両親は、正人君を善くしたいという願いから、どうしても「○○君と遊ばないで」「家にちゃんといなさい！」「お金の無駄遣いはダメです」「早く帰りなさい」などといって注意をすることが多くなってきました。

こうなると、「子供は本来〝善〟であり、もともと神の子、仏の子である」という生長の家の教育法も教育観もどこへやらです。現象の不完全を認め、悪の存在を意識に呼び起こして、そのことをコトバで注意すればするほど、正人君のご両親は、子供が自分たちから離れていくのを感じるのでした。だから、気持ちの中では、

「こんなコトバを言ってはいけない」

「子供の善いところを見つめよう」

と、頭では思うのですが、つい現象に目が行ってしまうのです。そしてそのことで焦ってしまい、もうどうにもならなくなるのでした。

正人君は、親が不在の日には、一日中どこかへ出かけました。それで夜遅く帰ると、両親に適当に言葉を合わせて言い訳をするというような生活を続けていました。

当然、正人君の成績はガタ落ちです。ついには担任の先生が家庭訪問に見えるほど、学校での素行も悪化してきました。

## もう一度、一から勉強する

「つかもう」とすればするほど離れていく、というのが心の法則です。しかし子供の〝不完全〟を目の当たりにすると、親としての言動がつい荒々しくなってしまうのもまた人情ではあります。ところが、元々生長の家の教育を知っておられた正人君のご両親は、子供の問題を通して、わが身を省みたのです。

ある日のこと、お父さんは正人君に、

「おまえは神の子だ。成績も優秀だ。お父さんの子供時代よりも優れているところが多い。お父さんよりも頭もよく、抜群の能力のもち主だ」

と言って励ましました。そのあとで、正人君の手をしっかりと握って、

「今まで、いろいろととがめてすまなかったね。おまえが悪いのではなく、じつはお父さん、お母さんが悪かったのだ。今まで小言ばかり言われて、さぞかし辛かったろう。どうかゆるしておくれ」

と言われたそうです。

それまでのご両親は、表面的には「仲のよい夫婦」として近所の方々にもうらやましがられるほどの間柄に見えましたが、ご主人のほうは心の隅で、奥さんの教育に対する意見やときどき針で刺すような注意のしかたを批判しておられたのです。

奥さんは、このことがきっかけとなって、生長の家の教育を一から勉強し直そうと、母親教室などに熱心に通われるようになったのです。そこで言葉の力や「何ごとも信じる通りに現れる」という意味を再確認し、結局は、夫婦の調和が第一だと思われ、ご主人と心を一つにするよう心がけられました。

「親が変われば子は変わる」……この言葉が示す通り、それから三カ月後、正人君の成績は向上しはじめました。頭髪もさっぱりと五分刈りにしました。そして友人の誘いもきっぱりと断れるようになったということです。

## 子供の中の雑草を摘み取る

「うちの子はいたずらっ子で始末に負えない」

と、親が思っていると、その親の信念が子供に反映して、いつまでもいたずらっ子の状態が続く――と、『生命の實相』には書かれています。

慶治君（仮名）は、小学校二年生のとき、おばあさんに連れられて生命学園（生長の家の教育法を教える日曜学校）にやってきました。学年の途中から入園してきた彼は、とても乱暴者で通っていました。先生の話は聞かないし、友だちにじゃれついたり、たたいたりして、教室の中を引っかき回す常連でした。

それから数回の後に、生命学園の「一泊見真会《けんしんかい》」が開かれました。泊まりがけで研修をする会です。見真会では、夕方、前に並ぶ先生たちを、自分のお父さんやお母さんだと思って、

「ありがとうございます。これからは○○のできる大人物になります！」

と、大きな声で宣言する行事があります。また、参加者に笑ってもらって、それを審査する「笑いの大会」というのも行います。さて、この見真会のとき、この明るくて活発な慶治君は、「笑いの大会」で、みごと優秀賞に選ばれたのです。講師の先生方とともに慶

治君の様子を観察していますと、
●動作がますます活発
●食欲旺盛で何杯もお代わりをする
●大声で自分の意見を言う
●年長の子に甘えてじゃれる
●講師には必ず笑顔で「ありがとうございます」と挨拶する
というような「善い点」があげられました。わたしたちは慶治君が、もともと「善そのもの」だと気づかせていただいたわけです。

「生長の家の教育」の指導要領のなかには、

「子供にはすべて、自己独特の個性的方法において表現する自由を与えなければならない。しかし、子供の思想および活力を正しい方向に誘導していくことは、教育者の役目である」

という文言があります。子供の欲望のなかには、まだ整理されてない「雑草」があることは認めなければなりません。この雑草を刈り取り、つみ取るにはどのようにすべきでしょうか。谷口雅春先生は、

「善きものを誘導することによって、雑草が自然に枯れるような方法をとるのがいちばんよい」

と示されています。慶治君の場合、母親を亡くしているばかりか、頼みの父親は視覚障害で盲目でしたから、その養育は、年老いたおばあさんが当たってこられたのです。だから、ただ「手入れ」の行き届かないところがあっただけだったのです。

慶治君のおばあさんには、教育とは圧迫ではなく、誘導であり、引き出すことが大事なんです……ということをお話しして、できるだけ「善い点」をほめていただくようお願いしました。

そして、生命学園の指導者たちと一緒に、

「慶治君がいるだけで、家庭もみんなも嬉しいんだよ」

ということを示していきました。

こうしておよそ二年間、慶治君は、雨の日も、バスと電車を乗りついで、一時間もかかって、生命学園に勉強に来てくれました。その慶治君、習字を書かせると、迫力のある堂々とした字を書くようになりました。五年生のときには、学級の世話をするリーダーにもなりました。

その目は生き生きとし、表情は円満になり、言葉ははきはきとしている、立派な少年になりました。中学生になった今では、これまでの恩返しといって、下級生の面倒をよく見てくれる模範生となっています。

子供の中には、もともと悪いものは何一つなかったのです。子供を預かる親や指導者たる者は、一日一回、

「あなたは○○○の点で、父や母（教師）を喜ばしてくれている」

と、表現なさるのがよいと思います。つねに善い言葉を使う心境になっているか？

ここに親の勉強があります。

**子供を一人前に扱おう**

まわりの大人から「一人前」の人間として見られ、扱われて育つ子供は幸せです。

ですから、もし子供が何かに失敗したり、気になる行動をとったりしたときは、

「わたしは、あなたを『一人前』だと思っている。あなたならできる。あなたならだいじょうぶだ」

と言って、自分の経験や賢者の生き方などを語って、勇気を与えるようにすれば、子供は安心して、期待に応えようという気持ちが育ちます。そして、もっと深い、もっと大切なことへの方向づけができてきます。

つまり、そうして育った子供は、それぞれの個性に応じた理想や夢を描き、一人前から偉大なる者へと成長できるのです。

ですから、親や教師は、子供の「生命」を礼拝して、

「わが子は、わが子にしてわが子にあらず。わが家に咲き出た美しい花だ。お世話をさせていただきます」

という気持ちで接していきましょう。

**目の前に善い子がいる**

「山の彼方《あなた》の空遠く幸い住むと人のいう」——この名言のように、山の彼方遠くに幸せがあると思って探し求め、さまよい歩いている人がいます。現代社会でも、多くの人が、「どこかに自分の幸せがある」という思いを抱いています。

幸せは、どこにあるのでしょうか? 山の彼方、つまり遠い遠いところに行かないと見つからないものでしょうか。ヒマラヤの聖地に行かないと、魂の法悦は得られないものでしょうか?

わたしはそうは思いません。幸せは、気づかないだけで、わたしたちのすぐ近くにあると思います。すぐ近くではなく、すでにわたしたちの中にあるのかも知れません。よく人はいいます。神様はどこにいるのでしょうか? 遠い聖地に鎮座しているのでしょうか。それとも、あなたのそばでしょうか。いえ、あなたよりも、あなたが思っているよりも、

あなたの中にいるのではないでしょうか。

今、あなたの目の前にいる子供、あるいは夫、妻、ご家族が「いい人」であり「善い子」です。このことに気づくことも、大いなる幸せの発見だとわたしは思います。家族として選ばれた一人ひとり、かくも尊いのです。また相手は自分の心の鏡です。

東京学芸大学教授であられた故・鹿沼景揚先生は、

「善い子とは、幸福な子供の別名である」

と言われました。親の世間体や格好、あるいは誰かとの比較が常にある間は、子供の本質はくらまされてしまいます。そして、子供に付着した汚れは、ただ取り除けばいいだけなのに、親は「汚れた子」として子供をののしり、追いつめていく――。

親は、そんなことを日常茶飯に行っています。親の思いに合わない子、都合の悪い子が、「善くない子」だと思われているからです。そんな馬鹿なことはありません。

こういう場合は、親や教師の「都合」を取り去ればいいのです。大人の都合が、表に出すぎているのですから、それを取り除いて、あとは子供のすることに、心の照準を合わせていけば、ああ「いい子だな」と思えるようになります。

「わたしの子は善い子だ」と信じて見続けることです。そうすれば、「見ること」は、「現すこと」になりますから、「善い思い」がいたるところに行き届き、子供を包みこみ、その本来の「善」を引き出すことになります。

「おまえの方が悪いから直せ」「悪いから善くなれ」……こう言っても善くなるものではありません。「おまえはいい子だから、善くなるしかない」……こういう言葉でほめられたら必ず善くなるのです。

イギリスの教育学者ニイルは、「問題の子に、問題の親」といっています。子供の問題は、じつは親の問題であり、子供の夜泣きも、親の問題とまでいっています。

親は、子供にあれこれと要求しないほうがよいでしょう。わたしは少年時代、「おまえはオドオドしている」とか「キョロキョロして、落ち着かない」と注意されてばかりいました。だから、言われた当のわたしは、それらの言葉が気になって、

「落ち着け。落ち着くんだ。落ち着かねばならない」

と、一所懸命自分に言い聞かせるのですが、まったく効果はありませんでした。ですから、問題と見える箇所を、問題を指す言葉で表明していると、その問題が、ますます強力になってきますから、やはり、生長の家の教育のように、子供の善性をじっと見つめ、正しい言葉の力でそれを大いに引き出していただくしかないのです。

# 第5章

# 生命を伸ばす教育実践法

――「七つの母の祈り」より――

子供は、幼いときから「いい発想」をいっぱいもっています。なぜなら子供は、宇宙の英知をもって誕生してくるからです。その「本来性」を伸ばして、引き出すのが「生長の家の教育」なのです。

この章では、生長の家の教育を実践するときの、日常生活での心得を「七つの母の祈り」にもとづいて述べたいと思います。この祈りは、昭和四十二年五月に、財団法人・新教育者連盟が認可されて、全国に「母親教室」を開催した際、生長の家の「七つの光明宣言」に準じて、文部省に「七つの教育宣言」のようにして届けられた言葉のことです。

それでは、一つ一つ揚げてゆきましょう。

## 【1】子供に宿る善性を信じ、これをひきだし、伸ばし、そだてます

ここでポイントとなるのは「表情」と「発声音」と「思念」です。思念というのは、心でいつも描くことです。それが口から出たものが発声音となります。そのときに笑顔を添えてやります。

「生命学園」が発足したときから使っている言葉に、

「あなたは神の子、仏の子。なんでもできます、強い子、よい子」

というのがあります。ここには力強い生長の家の教育理念が込められています。

「わたしも神の子、あなたも神の子、みんな神の子、完全円満」

という言葉もありました。このようにいつでもどこでも口にできる言葉にたくさん触れて、できれば、日常の生活の中でぜひ実践してください。

「今日はきっと、よいことがくる、よいことがある」

と、毎日二〇回は唱えることを故・徳久克己先生が提唱されました。できれば蒲団の上に正坐合掌して、心の底から唱えるとよいでしょう。本当によいことがやってくるでしょう。まだ実行していらっしゃらない方は、早速今日からはじめてみてください。

また、日常生活の言葉の中で大切なものに「あいさつ」があります。最近は、文部科学省も、「家族同士、あいさつしましょう」と奨励しています。奨励しなければならないほど、家族の間であいさつする習慣がなくなりつつあるというのです。

今は、学校に行くときに、子供が「行ってきます」という言葉を言わなくなっているそうですね。母親の方も母親の方で「お帰りなさい」というあいさつを言わなくなってきたそうです。その代わりに、子供の顔を見るなり出てくる言葉が、「今日のテスト、どうだった？」という詰問です。

わたしの小さい頃には、「行ってきまーす」と言うと、母は、「はよう、お帰り」と言っていました。だからわたしも、早く帰るとお母さんは喜ぶんだなあと思って、できるだけ道草を食わないでまっすぐ帰ったものです。

こういう「言葉かけ」が、子供の善性を引き出していくことになるのです。

## 【2】どの子の個性も尊重し、この世に生まれた使命を生かします

どの子も一人ひとりが、かけがえのない天分・個性をもっています。それを尊重し、伸ばしていけば、きっとその子にしかできない使命を生かす場が与えられます。しかし多くの親は、世間体や見栄・格好という色メガネをかけ、誰かとの比較でしかわが子を見られなくなっています。

たしかに世間で多く見かける教育書にも、

「バラはバラで美しい、桜は桜で美しいじゃないか」

といったようなことが書かれてあります。「個性の時代」という言葉もよく聞くようになりました。「自分は自分らしく、自分のできることを、せいいっぱいやること」という考え方も、今ではずいぶん普及してきました。

しかし、生長の家の教育では「個性」というものを、もっと積極的に捉えています。生長の家の教育では、個性のことを、単なるキャラクターというような見方をしないで、

「天（神）分」と捉えています。つまり、子供の個性は、神から分けられた尊いものだと見るのです。

それでは、どのようにして子供の天分を発掘することができるのかというと、毎日、子供の善性をじーっと見るようなつもりで、子供と接することです。そうすると、その子なりの天分がおのずと見えてきます。そのとき、「和顔・愛語・讃嘆」が大事になってきます。簡単にいうと、前述のように「認めて、ほめる」ということです。

「和顔・愛語・讃嘆」とは、もう説明するまでもないと思いますが、和やかな表情で、愛に満ちた言葉を遣って、ほめ讃えることですね。生長の家の教育の基本タームです。

**釣りの名人**

最近、中学生をもつお母さんから、こんな相談を受けました。急に「釣り」に興味をもった子供が、お母さんに、「釣り道具を買え、買え」といって、高価な「釣り道具」を要求して困っているというのです。

それでお母さんが「そんな高いもの、よう買わん！」と言ったら、暴れ回って物を壊したり、家の中を走り回ったりするというのです。それでやむを得ず、「もうこれっきりよ！」と言って、このお母さんは五万円を子供に渡したのでした。

ところが、この子が一番欲しいつり道具が、六万二千円だったのです。それでこの子は「もう一万数千円出せ」と言ったのだそうです。

この子は一度、暴れ回って五万円をもらうのに成功したのですから、親を困らせたらまた出してくれるだろうと思ったわけですね。それで、今度は、

「買ってくれなかったら、学校に行かない」

と言って、さぼり始めた。そんなことが一〇日ほど続いたので、やむを得ず購入したそうです。するとその子は、今度は学校に行かずに、釣りに行くようになった。不登校になってしまったというわけです。お母さん、困り切ってしまったわけですね。

それでわたしは、このお母さんに、この事態を「困った、困った」というふうに捉えずに、「将来の釣りの名人よ、ありがとう」というぐらいの気持ちにおなりなさい、と申しました。

それからわたしは、高齢になってから将棋の名人の称号をもらった人の話をしました。つまり、その方は十歳ぐらいのころから将棋をやりはじめて、ずーっと将棋をやってきて、常識で考えるとかなり高齢になってからそういう称号をもらった。この人のような例を見て、そういう称号をもらうのに何十年もかかった、ずいぶん成長の遅い人だなあと思う人があるかもしれませんが、しかしやっていれば誰でもそういう称号をもらえるかというと、

そういう保証もない。

つまり、この人は十歳からずーっと将棋が好きだったわけですね。それは凄いことです。一つのことを一途にやり続けることは、なかなか大変だからです。

ですから、わたしはこのお母さんに、

「そのぐらい好きならば、お子さんは『魚釣りの名人』になったらいいでしょう。そういうお子さんなんでしょうから」

と申しました。そして、

「できれば、お父さんもお母さんも、お子さんと一緒に魚釣りに行って、互いに釣った魚の大きさを比べるなどして、みんなで楽しんだらどうでしょうか」

と提案しました。親が、釣りなんて遊びだから「ダメ！」と頭ごなしに決めつけないで、逆に「おおらかな心」で、子供の気持ちを尊重するようになりましょう。

そうすると、本当にその道が天分であるなら、子供はまっすぐに進んでいくでしょうし、一時的な興味であれば、時がくれば自分でやめるものです。しかしたとえやめても、何かに打ち込んだ経験はきっと将来、何かの役に立つはずです。

このように、「子供のすることに間違いはない」と信じ切って相対することは、ある意味では勇気がいることですが、ここに生長の家の教育の神髄があります。

## ファミコンもやめる

それはファミコンなども一緒です。ファミコンに夢中になっている子供を、大人はあまりいい顔で見ませんね。でも、子供は夢中になっているから仕方がありません。

ある日、わたしの家に孫たちが来て、ファミコンに夢中になっていました。それを見て父親が「やめなさい」と叱っています。もちろん孫たちはやめません。

その時わたしは「どれどれ?」と孫たちの中に分け入り、ファミコンをやってみました。「はは~ん。こうなるのか?」という具合に、けっこう夢中になっているような格好をしながらです。

すると孫たちは、いつの間にか「じいちゃんの方が楽しんでいる」と思って、おもしろくなくなったのか、引き上げていきました。それ以来孫たちは、わが家に来てもファミコンをやりません。わたしはこう思いました。子供たちは、ファミコンを夢中になっているわたしの格好を客観的に見て、あまりいい印象をもたなかったのだろうと思います。わたしが「鏡役」になり、子供たちは、自分の姿を見ることができたのです。

また、自分の姿を客観的に見つめさせるのには、前に述べた「あ、そう」という言葉を使うことも効果的です。「あ、そう」といわれると、自分のやっていることを認められたことになり、それで気持ちは満足してしまうからです。

このように、親が悪いと思うことを「悪いからやめろ」といくら怒鳴ったところで、子供が心からそのことに満足して飽きてしまわない限り、あるいは「もうつまらない」と思わない限り、一時的にやめたとしても、また繰り返すことになります。

だから、親が一緒にやってみるのがいいのです。わたし自身、生徒指導のときには、これをやりました。第一章でM君の話をしましたが、M君が廊下を自転車で走っていたとき、わたしも一緒に自転車で廊下を走ったことがありました。わたしの姿を見たM君は、「こんなことは、みっともない」と思ったのでしょう。そしてわたしの姿を見て、哀れに思ったのでしょう。廊下での自転車乗りをやめてしまいました。まさにこのやり方なのです。

## 【3】よい習慣をしつづけて、正しいしつけといたします

文科省が「しつけは教育ではない」ということをいいはじめました。「しつけ教育」では、子供がフラストレーションを起こすというのです。そんなことより「命の尊さ」を教えようじゃないかというわけです。

一般に「しつけ」というと、何か上から押さえつけるようなイメージをもたれがちですが、これは「しつけ」の本質が理解されていないことを意味します。

「しつけ」は「躾」と書きます。からだ（身）が美しいと書きます。つまり、身を美しくふるまうことです。つまり、人間が生活していく上での「美しい形」を、大人や教師がみずから実践して手本を示すことなのです。

ところが、一般的には「しつけ」というと、「これをしたらいかん」「あれをしたらいかん」というような、「禁止条例」のようにとらえられているのです。こうした「口先だけの躾」のしかたをすると、子供にしてみれば、「叱られた」という思いだけが残って、本当の「美しい身のふるまい」は身につかないのです。

「しつけ」とは、よい習慣を親が率先してし続けることです。原点のところを教えることなのです。そして、子供の好ましくない性質や欲望などを押さえて、良いところのみを伸ばし、良いところのみをする習慣をつけてあげることです。そうしないと、社会に適応できない大人に育ってしまうのです。「習慣は第二の天性である」と、『生命の實相』の第14巻（頭注版）にも書かれています。

いずれにしても、社会生活を送る上での「秩序」というものがある、ということを道徳教育や家庭の中で、子供に語り聞かせていく必要があります。社会問題となっている「学級崩壊」などは、まさに「秩序」というものを子供に教えることができなくなったことを物語っています。

というよりも、今は大人でさえも秩序感覚が鈍ってきています。あるとき、Aさんという〝紳士〟が相談に見えました。この方は、いろんな会のお世話をされているのですが、最近は一見、立派な大人が思いやりの心をなくしているばかりか、基本的なルールさえ守れていないというので、やりきれない気持ちになっていて、ストレスがたまる一方だというのです。

この話を聞いて、わたしは「あること」を思い出しました。すこし前のことですが、朝、わたしが駅の自動販売機に千円札を入れようとしたら、横から男性が割り込んできて、小銭を入れてきたのです。さすがにわたしも一瞬カッとなりましたから、「なにしとんのや！」と口から出そうになりました。しかし、

「あっ、かつてわたしも、人より先んじて、人を押しのけてやろうとしたことがあったなあ。この人は、そのときの罪を消してくれたのだ」

と、すぐに気持ちを切り替えました。そしてその男性に、心で「ありがとう」と言いました。とはいえ、昔のように、大人の人だから、マナーやエチケットは守ってくれるだろう、常識はあるだろう、とは言い切れなくなりました。

こんなこともありました。あるとき、神戸駅に降りたら、「駅は、終日禁煙です」と放送しているというのに、堂々とタバコを吸っている人に出会ったのです。

「こんなところでタバコなんか吸って、マナーも常識もないやっちゃな」

と思い、手で煙を払いながら、わざと聞こえるように、

「喫煙コーナーは向こうなんやけどなあ」

と言いながら、その人の前を通ってやりました。ところがしばらくすると、

「朝から、なぜこういう人に出会うんだろう」

と思えてきました。そういえば、わたしも無秩序にタバコを吸っていた時期があったのです。宗教的に見れば、わたしのそのときの「業」を消してくれる人に、この日の朝出会ったわけです。


秩序感覚とかルールを考えるとき、人はともすると「自分だけが正しい」という感覚に陥りがちですが、自分の子供はもちろん、出会う人みんなが「自分の鏡」であるという感覚もまた必要なのです。

## 【4】問題の子供は心の病気、実は優秀児の仮のすがたと、観かたを一転します

優れた教育者は、だいたいみんな異口同音に、

「問題児は、優秀児の『仮の姿』である」

ということを言っています。

前述のように、教え子のM君が少年鑑別所に入っていたときに、わたしは毎日、

「神は、M君を導きたもう」

と念じました。そして
「問題児のように見えているM君の姿は、じつは優秀児の仮の姿」

とも唱えていました。すると、やがて彼の「善」の姿が現れてきました。そして、

「M君は暴行事件などを犯したけれども、もしかしたら、わたし自身も、彼のような道に迷っていたかもしれない。M君は私を導いてくれる人だったのだ」

と思えてきたのです。お子さんが非行の道に走ったら、多くの親御さんは「手に負えない」と思われます。しかしそれでもやはり、お子さんは親御さんを導くために、仮の姿を現しているのです。

## 【5】私が変われば子が変る。まず、真先に明るい家庭をつくります

これは「子供の善性を信じる」のつぎに大事なことですが、明るい家庭を作るにはどうしたらいいかというと、まず笑顔を作ることです。目が覚めたら笑顔、そして寝る前も笑顔で寝ることです。

幸司君（仮名）という小学二年の男の子が、学校へ突然行かなくなりました。春の運動

会の時にも、クラスのみんなが引っぱり出しに行ったけれども、どうしても出てこない。それでいろいろ話を聞いてみると、幸司君は、一番親しかった友だちと喧嘩をしたらしい。そしてその子のお母さんから叱られて、学校へ行かなくなったというのです。

それでお母さんが、あるとき幸司君を連れて、わたしのところに相談に来られたのですが、わたしとお母さんが話しをしている間、幸司君は部屋を走り回っていました。そして、ときどきお母さんとわたしが話しているのをジッと見ています。

そのとき、わたしは、自分自身が変わらないといけないな、と直感的に感じ、

「住吉の大神の神霊天下り、幸司君を導き給う」

と祈りました。しばらくして急に静かになったなと思い、目を開けましたら、なんと幸司君も坐っていました。そしてお母さんとわたしと同じように手を合わせています。幸司君は、素直ないい子だったのです。

## 子供のおかげで、親が変わる

しかし、じつはこの子のおかげで、お母さんが変わってきたのです。数日後、お母さんから手紙をいただきました。

「心が乱れ、迷ったときには、相談日にいただいた祈りの言葉を何回も唱え、心を落ち着

けております」

という内容でした。お母さんが書いておられる「祈りの言葉」というのは、谷口雅春先生が、霊界へ行かれる寸前まで唱えておられたというお言葉で、

「相手が悪いのではない、わたしに愛が足りないからです」

というお言葉があったそうです。わたしは、その言葉の「相手」というところに、自分が気になっている人の名前を入れることを勧めています。つまり、

「幸司君が悪いのではない、わたしに愛が足りないのです。わたしがもっと愛が深くなればいいのであって……」

という言葉を書いてお母さんに渡したのです。お母さんはそれを唱えて心を落ち着けておられたのでした。お手紙には、

「実相を見る目のない、ささくれだった気持ちに押しつぶされそうなときに、静かにこの言葉を唱えていると、不思議とおだやかな優しい気持ちになれ、本当に感謝しております。目先のことにとらわれていた自分を反省し、心の底から幸司もいとおしいと思えるようになります。もっともっと勉強していきたいと思います」

と書かれていました。こういった祈りは、子供に聞かれないように、密かにやるのがいいでしょう。

わたしがまだ日教組の運動をやっていたとき、両親のお蔭で生長の家にふれて、ある時、体験発表をしたことがありました。日教組の活動員でありながら、生長の家のすばらしさにふれ、その感動を大きな声で発表しました。すると演壇脇で傍聴されていた谷口雅春先生が、わたしの手を両手で包んで握手されながら、

「あなたが日教組活動を一所懸命にやっているからといって、それはあなたが悪いのではない、わたしに愛が足らないからだ」

とおっしゃったのです。わたしにとってそれは大きな衝撃であり、感動でした。のちに秘書の方から、谷口雅春先生が、お亡くなりになる直前まで、この「○○が悪いのではない、わたしに愛が足りないからだ」というお祈りをされていたということを聞いたことがあります。わたしはこのお言葉を紙に書いて、教育相談にお見えになる方にお渡ししているのです。(この「祈りの言葉」はその後、生長の家副総裁・谷口雅宣先生から、新教連で使ってくださいという許可をいただきました)

お母さんがこのように実行していたら、幸司君が、下の五歳の子と向き合ってお祈りしていたそうです。子供というのは親の心のあらわれなのですね。

それから幸司君はどうなったのでしょうか。長い間、不登校をやると授業についていけないからと、ふつうはそう簡単には元の学級には戻れないものです。しかしお母さんが相

談に見えたもう翌々日に、学校側から「保健室へ来なさい」といわれ、保健室登校をさせてもらうことになったのです。

そしてそこに二日だけ行って、今度は「特殊学校へ来なさい」ということになりました。そこの担任は生長の家の教育を実行されている先生だったのですが、五、六年生の障害をもった子供が通っている教室でした。そこに幸司君も通うことになりました。

幸司君は、そこがものすごく気に入ったのです。そういう子供たちに接して、この人たちは一所懸命に生きているんだと実感したのです。そしてその子たちのお手伝いをしていたら、幸司君は学校をまったく休まなくなったそうです。いい勉強をしたわけです。その後、二カ月して、幸司君は自分の教室に戻ったとのことです。

## 【6】いつもニコニコ、やさしいコトバ、認めてほめて、たたえます

これまで述べてきたことをまとめますと、子供だけでなく、親や兄弟姉妹、そして同僚・隣人などももちろんのこと、自分自身をも「神・仏の子」として尊敬し、いっさいの現象（あらわれ）も、自分の心の影（念の映像）と見て、すべてを見留め（認め）て、そしてそれらは、神のあらわれ、神がなされている御業《みわざ》だと認め、ほめて、讃えていると、すべてが好転していくのです。これが原理です。

財団法人・新教育者連盟の主催による教育相談（カウンセリング）にたずさわるようになって二十数年、数百名の方々のご相談に応じさせていただきましたが、来談者（クライエント）の大部分は母親であり、親子同伴も少数ですが、あったりしました。ところが、父親が来られたケースは、そのうちのわずか三パーセントでした。祖父母がお孫さんのことでいらしたのには敬服させられました。

親御さんだけではありません。幼稚園や小・中・高の先生方が、児童・生徒・園児の指導のことでお見えになったことも多々ありました。わたしも教育現場に携わって五十年になりますから、ひとりの専門職として、また先輩教育者の立場から、指導の秘訣を話させていただきました。

担任の先生というのは、子供たちの「神性・仏性」をお預かりしているわけです。きわめて重要な仕事をされているわけです。ですから、生徒たちの良いところを、どのようにして認めて、ほめて、讃えるか。またどのようにして、そのキッカケを見つけ、気づいていけばよいか……という質問が多かったのだと思います。

前述しましたが、悩みご相談の解決のカギは、「自分とは何であるか」を知ることであり、「子供（接する人）とは何であるか」を知ることであります。すなわち、自分のことも相手のことも、人間はただの「物質だ、肉体だ」と見ている限りにおいては、自分や相手は「物質的存在」であり「肉体人間観」としての「制約」を受けることになります。

ですから、相談に見えられる方々には、まず自分を霊的存在としての自覚をもつことが大切だとアドバイスをさせていただきます。自分が霊的な存在であるという自覚をなさった程度にしたがって、まずその方自身が「肉体・物質の自分」という束縛から解放されて、自由自在になります。

それから「自分の信ずる通りのところのものとなる」の法則にもとづいて、その方がまず本当の「にこにこ笑顔」になること。つぎに「自分とはいかなるものか」を理解し把握すること。そして自分を認め直し、ほめて、たたえる気持ちになること……すべての解決のカギはここからなのです。

この実践ができると、いつしか周囲はもちろん、お子さんや、生徒さんたちの行動までも「神・仏がなさっている」と思えるようになります。その気持ちが高まってくると、「宇宙の叡智が天降《あまくだ》り、目の前の子の姿となって現れてい給う」というような敬虔さ、厳粛さが気持ちの中に芽生えてきます。そうすると、「すべては、彼の守護霊たる神・仏・大生命が見守り導き給うのである」という大安心の境地となることができます。つまり、その人自身のみならず、問題視されていた該当の子たちも、霊的に解放されるのです。と同時に、現象的な変化も、随所に顕《あら》われてくることになります。

この実践をされた方々からは、ことごとく問題が解決したばかりでなく、家運も隆昌《りゅうしょう》しはじめ、肉体の健康状態までも得られたという体験が報告されてきました。

誠にも、わたしの座右の銘とさせて頂いている『生命の實相』のみ教えの通りであるなあと、改めてこれまでのカウンセリングを通して、再確認させていただいている次第なのです。その『生命の實相』（頭注版）の第25巻の二四〜二五頁には、

「賞めるということは実によいことであります。実に人類を光明化するのは賞め言葉であります。ところがたいていの人はかわいい者ほど賞めない。人前で悪く言う、自分の子を悪くいう。謙遜のつもりかもしれないけれど、自分の信頼している親が、自分を悪い悪いと言うものだからまちがいはない。自分は悪い子だと思い込んでしまって、その子供は悪くなってしまうのであります」

とあります。誠にも「生長の家の教育」の日常実践のポイントを、わかりやすく明快に示されている一文です。やさしいコトバ、認め合い、ほめ合いの、よろこび人生の方向づけがなされています。

そして同書の第13巻の二〇〜二一頁には、

「言葉は神である。（中略）『言葉の力』によってわれわれの中に潜む無限の力をひき出す

ことも できるのでありますし、善き言葉で善き性質を伸ばすこともできるのであります」とあります。コトバの力の偉大さを訓《おし》えて下さっています。

それから、家庭や学校の教育現場で、「ニコニコ体操」をとり入れてはどうでしょうか。「ニコニコ体操」というのは、「わたしは神の子、仏の子。いつもニコニコ笑顔です」と言いながら、ワッハッハと笑うことで、これを二〇回繰り返します。

たとえ、成績不振の子供さんがいても、その子は、知能が劣っているのではありません。寒い冬の季節に、雪の下で眠っている福寿草を思い出して下さい。春になれば陽光のもと雪をかきのけて、ポッカリと地上に、鮮やかでふくよかな黄金色の花を咲かせますね。こうして福寿草は、周囲を明るくします。このように、時期が来れば、どの子も優秀な成績をあげる時期が訪れてくるのです。

## 【7】花咲くことを疑わず、信じて気ながに育てます

教育は気長にやらなければなりません。ときどき、「『生命の教育』誌のとおりにやっているのに、よくなりません」という苦情が来たりします。しかし話を聞いてみると、即効があることを期待しながら、先生の話は「なるほど」と思うのですが、明日からはじめたからといって、「効果がある

とは思わない」という人も意外と多いようです。

とにかく心配しないことです。「必ず良くなる」と〝いのち〟で宣言しておいたら、あとはゆったりと待つことです。良くなるのに時間がかかるというのは、その人にとって、その時間が必要だということです。

人生は魂の修行の場です。わたしは幼児教室に行くと、子供たちに、植木の世話をさせるとか花の世話をさせてくださいといいます。当然、水を毎朝あげなければなりません。すると、自然の命が伸びるのには時間がかかるということを学ぶわけですね。人間はそれ以上に時間がかかるのです。

「三界《さんがい》は唯心《ゆいしん》の所現《しょげん》」で、思った通りになるわけですから、気長に思い続けましょう、と申し上げるのです。いったんまいた種を、まだ芽が出ないからと、土をほじくり出してはいけません。気長に待ちましょう。

# あとがき

どこの講演会に招かれても、講演をはじめる前に、参加者のみなさんにきまってやっていただくことがあります。それは「嬉しいな！」「楽しいな！」「ありがたいな！」「明るいな！」「さわやかだな！」というような良い思念の言葉を、わたしの先導で、全員で三回、大きな声で発声していただくことです。

これはまず「一体感」をもってもらうためです。これをやると、みなさんの前向きで元気な「言葉と表情」によって、心が通い合った雰囲気が会場に流れます。

これをやったあとで、なぜこういうことをやってもらったのかという話をします。そしてコトバというものの意味についても、お話しさせていただいたりします。

たとえば「嬉しい」という字を取り上げ、「女偏」に「喜ぶ」と書くのですが、わたしはよく「女偏」の文字を紹介しながら、「好」「嫌」「娯」など、感情の世界は、女が支配していて、女性が喜べば、家庭の中もパッと明るくなり、ひいては社会、日本中に喜びが充満してきて、いたるところに安息の場ができます。したがって、女性の教育・子育て・家庭における役割の重要性をお話ししたりします。

また、たとえば「楽しい」というのは、楽（ラク）になることで、これはまた音楽の「ガク」ですから、日常の言葉に、少しリズムを添えるような心配りをするのがいいでしょう、などとお話しして、みなさんにコトバに関心をもっていただくようにします。

じつに「生長の家の教育」とは、明るく、楽しく、肩の力を抜く教育法なのです。

本書にも述べましたが、この教育の大本である『生命の實相』にふれるまでのわたしは、共産党に入党しており、組合運動の幹部を引き受け、いたずらに背伸びをして、国を批判し、教育も社会主義化すべきだという信念をもっていました。

二十五年余りの中学・高校での教師生活の中で、じつに十四、五年は、生長の家の教育とはまったく反対の、唯物的・管理的な発想の教育に陥っていたのでした。

しかし『生命の實相』を繰り返し読んでいるうちに、教育界の先覚者・コメニウスやペスタロッチ、そしてフレーベルですらやり得なかった教育を、いとも簡単に打ち出された谷口雅春先生に心底、脱帽しました。『生命の實相』のはじめに「生長の家・七つの光明宣言」というのがあり、その総説の冒頭に、

「生命の実相の自性円満《そのままでえんまんなこと》を自覚すれば大生命の癒力《なおすちから》が働いてメタフィジカル・ヒーリング（神癒）となります」

と説かれています。わたしは、これは教育においては、神様がよくしてくださる「神癒の教育」なのだ思って、心が躍りました。人間は、元々過ちを犯すどうしようもない生き物で、よほど社会が管理しないと、何をしでかすかわからない欠陥だらけの存在であるとばかり思っていたわたしでしたが、

「人間は、このままで完全円満だったのだ」

と思うと、とても心が軽くなりました。同時に「力み」がなくなりました。自分の思いが変われば、あとは大生命が導いてくださるのですから。


平成十年、わたしは約五十年に及ぶ教育生活を勇退しました。しかしこの身が続く限りはと思い、引き続いて龍野市・市民大学の常任講師として、公民館での教養講座をさせていただいております。

総数一二〇〇名に及ぶ受講者の方々には、「人生学校」「生活学校」といった講話において、より明るく、より元気で、より爽やかな人生を送るために、子や孫、接する方とのつき合い方、そして真実の教育理念とは何かを、出来る限りお伝えしようとがんばらせてい

ただいております。

最後になりましたが、本書の出版にあたって、多大なるご尽力とご高配をたまわった日本教文社の方々に改めて深く感謝申し上げます。

あなたのコトバが子供《こども》を伸《の》ばす

初版発行――平成十四年八月十日

著者――首藤《しゅとう》義信《よしのぶ》〈検印省略〉
© Yoshinobu Shutou, 2002

発行者――岸　重人

発行所――株式会社　日本教文社
東京都港区赤坂九―六―四四　〒一〇七―八六七四
電話　〇三（三四〇一）九一一一（代表）
〇三（三四〇一）九一一四（編集）
FAX　〇三（三四〇一）九一一八（編集）
〇三（三四〇一）九一三九（営業）

頒布所――財団法人　世界聖典普及協会
東京都港区赤坂九―六―三三　〒一〇七―八六九一
電話　〇三（三四〇三）一五〇一（代表）
振替＝〇〇一一〇―七―一二〇五四九

印刷・製本――東洋経済印刷

装幀――松本　桂

装画――山根　到

本文扉カット――つかもと　えつこ



ISBN4-531-06374-0　Printed in Japan